U0667791

世上没有坏老板

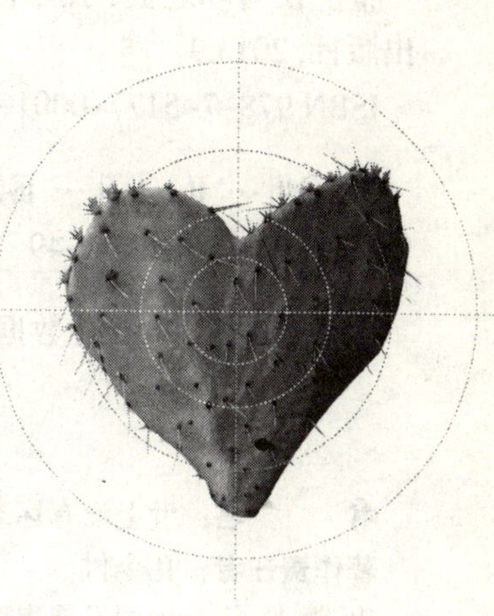

孔令付 著

中国发展出版社
CHINA DEVELOPMENT PRESS

图书在版编目（CIP）数据

世上没有坏老板 / 孔令付著. — 北京：中国发展出版社, 2013.9

ISBN 978-7-5177-0001-2

Ⅰ. ①世… Ⅱ. ①孔… Ⅲ. ①企业－职工－修养－通俗读物 Ⅳ. ①F272.92-49

中国版本图书馆CIP数据核字(2013)第211528号

书　　名：世上没有坏老板
著作责任者：孔令付
出 版 发 行：中国发展出版社
（北京市西城区百万庄大街16号8层　100037）
标 准 书 号：ISBN 978-7-5177-0001-2
经　销　者：各地新华书店
印　刷　者：三河市东方印刷有限公司
开　　本：880mm × 1230mm　1/32
印　　张：8.375
字　　数：180千字
版　　次：2013年9月第1版
印　　次：2013年9月第1版
印　　数：1—5000册
定　　价：25.00元

联 系 定 话：（010）68990630　68990692
购 书 热 线：（010）68990682　68990686
网 络 订 购：http://zgfzcbs.tmall.com//
网 络 电 话：（010）88333349　68990639
本 社 网 址：http://www.develpress.com.cn
电 子 邮 件：fazhan010@126.com

老板好坏取决于你

俗话说，“不怕孬兵，就怕愚将”。职场如战场的今天，如果不小心遇到了传说中的“愚将”，该如何自处才能避免兵败出局的悲剧？是丢盔弃甲直接开溜，还是随波逐流任人宰割？明智的员工不会选择其中任何一种。

老板的“愚”与“智”，可以因你而异。这在以前是不是想都不敢想？但很多时候它却是活生生的现实。有的老板并不缺少魄力和才华，只是少了一点员工的鼓励或者建议。好员工在职场中对老板的作用，就好比是“画龙点睛”。

一个老板的好坏，并没有明确的界定标准，也不是你、我或者他可以随意定论的。人本就有形形色色的不同，作为老板，只要能经营好自己的企业，不愧对为自己效力的员工，他就是合格的。而作为公司一部分的你，虽然可能只是

一个小“喽啰”，但也不要忽略自己可能发挥的能量。正视自己的位置，做个懂老板的精明员工，关键时刻的一个小小建议，也可能成为扭转整个战局的转折点，从而让你“一飞冲天”，被老板纳入“自己人”行列。

有人问，我为什么总会遇到“坏”老板？

有个老太太总是抱怨住在对面楼上的女士太懒惰。一天，朋友到老太太家做客，老太太对朋友说：“你看对面的女士，衣服永远洗不干净，每次衣服上还有斑点，她就拿出去晾了。我真不知道连衣服都洗成怎样，她还能做些什么……”

朋友站在窗前看着对面晾晒的衣服，突然发现一个问题。他想了想，从桌上拿起一块抹布，擦了擦眼前的窗户。一直沾在窗玻璃上的灰渍不见了，朋友对老太太说：“看！现在衣服是不是干净了？”

不停地抱怨老板，认为老板很“坏”，对自己工作并没有帮助。而且，也许你认为老板“坏”，其实只是你自己窗前的灰渍挡住了清晰的视线而已。本书主张世上没有坏老板，主张员工应该学习一定的技巧，与老板和谐相处。本书可以指导员工在老板面前推销自己，让老板把你当成最亲近的人，同时你也把老板当成尽心辅佐的对象。如此一来，

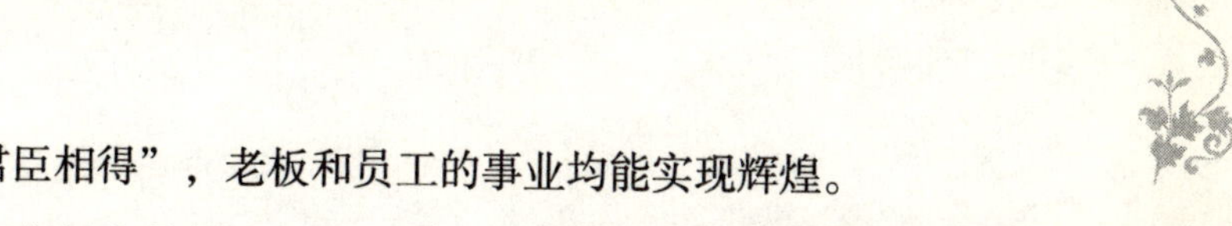

“君臣相得”，老板和员工的事业均能实现辉煌。

老板也是需要“哄”的，不要跟你的老板怄气，也不要跟老板唱反调。忠言逆耳利于行没有错，但时时刻刻进谏逆耳的忠言就让人难以忍受了。谁会喜欢整天疾言厉色挑剔自己的人呢？注意态度和方法，是与老板相处的必要守则。不想被红牌罚下，就要端正态度，多用一些委婉、亲和的技巧跟你的老板沟通。

能够对老板的事业起到画龙点睛的作用自然是大功一件，可最怕的是，点睛没成，一不小心成了“画蛇添足”，不仅没捞到好处，还被推出去做了炮灰，实在悲催。所以，作为员工，应该不仅能辅助老板成为好老板，也应该能够在遇到不给力的老板时，小心应对，帮助自己和老板一同驶过“风暴区”。而且，往往老板越是不给力，反而越能给你提供更多的机遇，为你的崛起提供施展的平台。有能力的员工在这样的老板手下，常常会激发潜能，成为军师或者左膀右臂一样的灵魂人物，在职场中取得跨越式发展。

再次强调，世上没有坏老板，老板的“好坏”取决于你如何看待、如何应对。仔细观察、认真分析、冷静思考，机动灵活地在职场中生存，hold不hold得住老板，就看你了。

目录

第一章 老板根本没好坏

01 绝对理想的老板是浮云 // 2
02 遇到“葛朗台”未必就“杯具” // 8
03 “朝阳老板”和“夕阳老板”那点事 // 14
04 原来老板有“内秀” // 21
05 选择老板需要“珍视明” // 27

第二章 为什么“坏”老板总是盯上你

01 总被色迷迷的眼神盯上 // 34
02 我是来上班，不是来上刑 // 40
03 老板简直是唐僧转世，居然怪我三打白骨精 // 46
04 老板笑里藏刀，伤不起 // 52

05　空头支票我上哪花 // 57
06　人在江湖飘，老板总发飙 // 61

第三章　老板是好是坏，要看你的眼色

01　高高在上的老板也是人 // 68
02　员工辛苦，老板更不易 // 74
03　老板不是慈善家，Money和Face他都要 // 78
04　老大真给力，老板也需要鼓励 // 83
05　把老板当恩人 // 88
06　我的偶像老板 // 93
07　测试你的老板是不是开明君主 // 97

第四章　亲，多款好老板包邮

01　知己知彼才能百战百胜 // 104
02　做一只温和型老板的“小野猫” // 112
03　强势老板软相处 // 118
04　跟紧机智老板的脚步 // 122
05　完美老板小心伺候 // 126

第五章 做个好下属，赚个好老板

01 君子坦荡荡 // 130
02 偷懒的员工是大智若愚还是大愚若智 // 135
03 称兄道弟分老板 // 144
04 小心驶得万年船，功高盖主易出局 // 150
05 会说外语有什么了不起 // 155
06 知道装傻给老板台阶下 // 160
07 别让你的老板吃干醋 // 166

第六章 转变自己的逆风方位

01 改变别人不如改变自己 // 172
02 即使只有一口气，也要不断努力 // 178
03 不做老板的眼中钉 // 184
04 自备避雷针，正确看待老板脸色 // 190
05 别越界，抢了上司风头 // 195
06 适时展示自我，克服性格弱点 // 201

第七章 九品芝麻官到一品大学士的完美蜕变

01 九品芝麻官：少说多听打基础 // 208
02 八品御医：对症下药，不做顽固老中医 // 213

03　七品知县：为自己制造机会 // 219
04　六品主事：懂得抓住老板的信任 // 225
05　五品员外郎：是进是退，分寸掌握在自己手中 // 230
06　四品知府：跟老板唱双簧 // 236
07　三品府尹：以“老板心态”处理工作 // 241
08　二品巡抚：老板心里非你不可 // 245
09　一品大学士：管理老板变宠臣 // 250

尾声 // 255

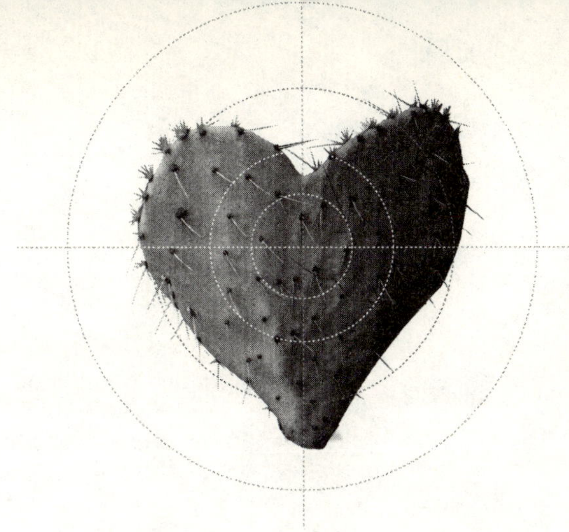

ONE

第一章　老板根本没好坏

好与坏本来就是个“相对论”，在错综复杂的职场环境中，老板不会因为某一个人的评价而被轻易定性。有人说，很多时候好老板比好工作更重要，但这个“好”不是对老板做出的职业能力上的评定，而是指他相对更适合员工，员工更乐于为他服务。

01

绝对理想的老板是浮云

新时代的员工选择企业的标准之一就是看老板。是不是“理想老板”，有没有“优秀雇主”称号，已成为员工找工作时的重要参考指标。这个特点在应届毕业生和职场新人择业时表现得最为明显。不过类似的信息不易得到，大多数人依然缺少对企业老板进行深入了解的途径，所以这个择业标准有些“虽向往之，惜不能至”。

但是，评选出来的“理想老板”、“优秀雇主”就真的一定符合员工的要求吗？非也。大家都心知肚明，现在的评选制度常常存在很大的可操作性，比如一些评选机构看好的大牌公司或者相关企业，就会主动“给”它们一个浮云一样的××奖。而一些不知名的小公司为了扩大影响力度，也可能掏赞助费“买”上一个神马×××的奖项。

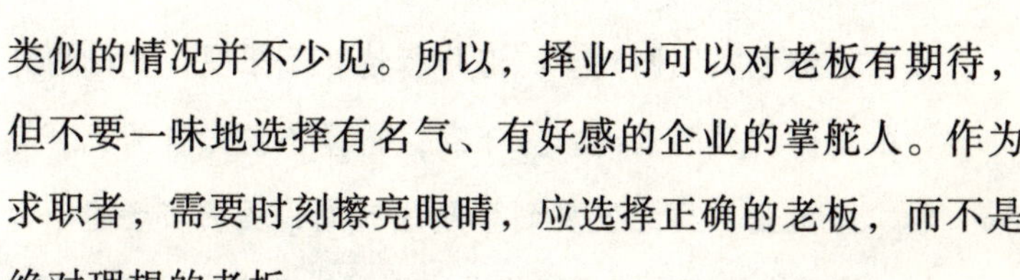

类似的情况并不少见。所以，择业时可以对老板有期待，但不要一味地选择有名气、有好感的企业的掌舵人。作为求职者，需要时刻擦亮眼睛，应选择正确的老板，而不是绝对理想的老板。

而且，不同的员工对理想老板的要求也不同。

资深员工喜欢肯定自己的老板

丰富的工作经验，多年的职场历练，都是资深员工的有利资源，这类员工通常在企业具有一定地位或者具有在重大事件上参与决策的权力。正因具有一定的影响力，所以资深员工非常重视老板对自己的认可。对他们而言，对其方案和建议的认同才是最能证明其价值的，甚至超过他们对利益的追求。

基森是A公司的元老之一，从小职员慢慢爬到小股东的位置，已经拥有A公司3%的股份。

经过几十年的起起伏伏，最近A公司打算实施新的市场战略。

第一次召开股东大会时，有股东提议扩展海外市场，理由是经济危机让很多与A公司类似产业的公司倒闭或者转型，这些企业的海外市场被空出来了，正好给A公司提供了扩张的机会。可是也有股东不同意，认为

现在经济危机刚刚过去，海外行情并不乐观，此时向外扩张面对的风险很大。保守点，选择不扩张自然无可厚非，可是企业已经发展到了瓶颈时期，国内市场趋于饱和，发展空间实在有限，海外市场扩张已成了早晚之举。虽然现在扩张是会面临巨大风险，但是，此时市场的空缺和需求量也可能带来不可预估的利益。这样一来，是否扩张海外市场就形成了两种不同的意见，在各股东之间僵持不下。

大股东Chen反对扩展海外市场。Chen觉得扩展海外市场风险太大，一旦失败，公司会面临破产的危险，之前有很多公司已因盲目扩张而倒闭。他的全部积蓄都压在公司股票上，一旦破产他就可能从一个大公司的股东变成一个身无分文的流浪汉。所以在反对扩张的一派中他异常坚决，也非常急于得到小股东们的支持。

Chen找到基森，没有询问基森对扩展海外市场的看法，而是直接命令似地通知他在新一轮的股东会议上随他一同签署反对条约。

当赞成扩展一方的股东Ben找到基森时，并没有立刻说明来意，而是先询问了基森对扩展的看法。听过基森的想法以后，Ben表示认可，并同他一起探讨了解决风险的可行性方案。总之，Ben非常尊重基森的意见，最后才含蓄地表示，希望基森在仔细考虑后为公司做一

个正确的选择。

在一周后的股东大会上，本以为基森会签署反对条约的Chen想不到，基森不但不反对海外扩张，反而准备了很多资料，证明扩张的可行性和广阔的市场前景。他甚至以他多年的经验和资历向大家打包票，扩张的成功率很高。很多本在犹豫中的股东听了基森的介绍后，选择了相信他，投票支持海外扩展。最后大家还推选了Ben作为董事会会长，主要负责海外市场扩展的事宜。

年轻白领倾向潇洒风雅的老板

精力充沛、反应敏捷是年轻员工的显著特点，白领员工一般具有较高学历，对生活质量要求也较高。他们喜欢跟随潇洒的老板，因为觉得这会让工作成为一件很“酷”的事情。年轻白领不喜欢一成不变的工作环境，而喜欢随性一些、自由一些。他们不惧怕挑战，新鲜刺激的事情很容易激发他们的斗志。弹性工作时间是年轻白领梦寐以求的，他们可以为研发草案加班到凌晨三点，只要保证第二天让他们睡到自然醒，不必担心迟到、旷工等问题，他们就会很乐于为老板随时效力。

普通职员仰慕偶像型老板

普通员工在企业中的比例是最大的，他们可能是初入

职场的新人，也可能是安分守己的老实人，还可能是工作多年、出头无望的老职员。这类人通常做的多、说的少，一般没有过多的要求，会按时上下班，准时完成工作。可他们并不是没有思想的机器人，这类人之所以在企业中甘于默默付出，很大程度上是出于对老板的崇拜。英明决断的领导风格，和蔼可亲的沟通态度，雷厉风行的行事作风，言而有信的人格魅力等等，都是普通员工对理想老板的期待。如果一个普通员工长期不辞辛劳、心甘情愿地追随着一个老板，那么这个老板身上必然有让他仰慕的因素。

现实型员工看重豪迈的老板

现实型员工不是一个界限分明的群体，他们可能是资深员工，或者年轻白领，更或者是普通员工。他们为老板工作的原因只有一个，就是薪酬。这种类型的员工喜欢豪迈大方的老板，在老板手下工作，只要工资到位，加班加点他们不在话下。不过如果其他公司提供更高的价格，他们也会毫不犹豫地选择跳槽。这种类型的员工并不在少数，与其说他们向往理想的老板，不如说他们向往理想的工资。

评价一个老板理想不理想，取决于你属于哪个类型的员工，对老板有着怎样的要求。一个企业有不同的部门，每个部门有复杂的层级关系、人际关系，老板在其中扮演着很多角色，所以他必定被不同的员工描绘出不同的“色彩”。如果你一直觉得你的老板非常不理想，懊恼自己一直遇不到理想的老板，那很有可能是你站错了方向，看到了不喜欢的“色彩”。转变心态，换个角度，也许你会突然发现，心中的理想老板就这么出现了。

02

遇到“葛朗台”未必就“杯具”

有一种老板，我们叫他“周扒皮”、“铁公鸡”、“葛朗台”，总结起来就是一个特点——吝啬。

很多人喜欢讲些吝啬老板的小笑话，借此嘲讽那些抠门小气老板。比如：

一个私企老板不小心掉到工厂附近的井里，高声呼喊救命。他的妻子对他说：“我这就去找工人来救你，你再坚持一会儿。”老板叫住妻子，问道：“等等，现在几点？”妻子答：“十一点半。”老板忙说：“我能再坚持半个小时，等到十二点了你再去找人……”

吝啬的老板宁肯自己在深井下独自等待半个小时，也

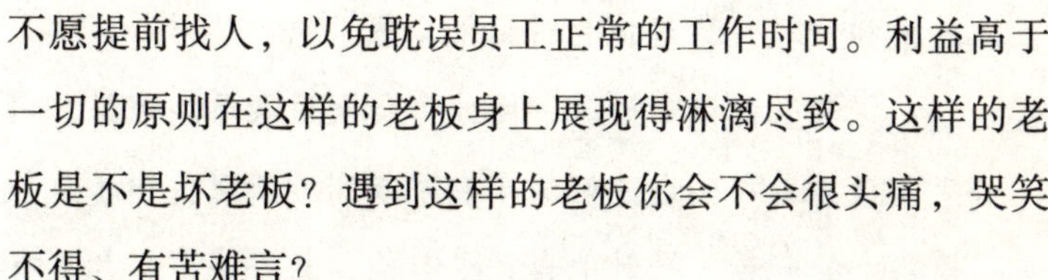

不愿提前找人，以免耽误员工正常的工作时间。利益高于一切的原则在这样的老板身上展现得淋漓尽致。这样的老板是不是坏老板？遇到这样的老板你会不会很头痛，哭笑不得、有苦难言？

其实老板的吝啬也各不相同，通常可分为四种类型。

第一类：对自己吝啬，对员工大方

这个类型的老板通常是员工拍手称赞的老板。试问，谁不想追随这样一位老板：既能勤俭持家保证资金储备，为公司发展壮大提供条件，又能体恤下属，不吝丰厚薪酬？每个员工的最终目的都是通过自己的努力获得更多的利益回报，所以遇到一个对自己吝啬对员工大方的老板，不知道多少人会暗自庆幸，感动不已。

> 澳大利亚某家客运公司的老板，在卖掉自己经营了六十多年的公司后，居然拿出将近一亿澳元分给曾为自己工作的一千八百多名员工，以感谢大家曾对公司作出的贡献。最资深的员工居然获得了近六十万澳元的奖励。有的员工发现莫名出现在户头里的钱时，还以为是银行搞错了。有的员工恰好遇到困难，正是因为老板送出的最后的惊喜，才解决了迫在眉睫的问题。对老板慷慨送出的超级大礼包，每个员工都心存

感激和愉悦，称赞他为最好的老板。

记者采访该老板时，问他为什么这么干。他说，当年父亲靠着一辆送牛奶的车白手起家，所以他很了解拼搏路上的辛苦。平时他自己很节俭，从不浪费，甚至有时候觉得自己很抠门。员工们跟着他的家族一起打拼，就像他的家人一样，有的人在公司里工作了四五十年，几乎将一生的时间都奉献给了这家企业。所以在离别之际，为了感谢大家多年的辛苦，他才送出这样一笔丰厚的奖金，作为对员工最后的谢礼。

这个对自己抠门的老板，却被媒体赞誉为“最大方”，他也无疑是员工眼中“抠门有道”的好老板。

第二类：不管对自己还是对员工皆吝啬

这样的老板不可谓坏，可也绝不会成为员工眼中最好的老板。其优点就是表里如一，不会压榨搜刮员工的利益来供自己享乐。这样的老板会把“节约每一个铜板”作为金科玉律来奉行。其缺点是缺乏凝聚人心的力量。由于对员工吝啬，给出的待遇不够优厚，所以很容易引发员工的不满情绪。当员工面对其他企业的高薪利诱时，很容易跳槽。公司辛苦培养的员工，却因为很少的一点工资落差而转向其他公司，这无疑会让公司在人才和声誉方面遭受双

重损失。

葛朗台是巴尔扎克笔下经典的吝啬鬼代表人物。他的吝啬就表现得很像第二类老板。他无论对妻女还是对自己，都非常抠门，更不要提对亲戚和仆人了。在年久失修的老房子里，女仆差点在被虫蛀坏的楼梯上摔跤，葛朗台却责怪她挑不结实的地方下脚。在日常生活中，每顿饭的食物、每天点的蜡烛他都要精打细算，不允许超出界限。葛朗台的吝啬几乎体现在了生活中的每个细节，简直到了“无孔不入”、“无所不用其极”的地步。

如果一个企业老板犹如葛朗台转世一般，那这个企业之中无疑会出现一个“欧也妮·葛朗台”，把“父亲”的财产偷偷转交给其他人。这样的“杯具”在职场中也频频上演，而最需要反省的就是老板自己。

超级吝啬的老板也并不是一无是处。他的吝啬，有时更能激发他生财的潜力。这样的老板常常精于算计，能够审时度势，看准时机果断出击，为企业谋利。可在收获利益之后，吝啬型老板往往喜欢囤积资金，为自己的下一笔财富做发动机。精明的吝啬型老板，很容易在创业初期让企业迅速发展，资金也会像滚雪球一样越滚越大，企业规模也会随之壮大。但是这样的老板并不是员工为之长期效

力的好目标，因为他很有可能会榨干员工身上的每一分钱利润。故在学习经验和能力培养上，这样的老板会是员工的好导师，但在学有所成之后，员工应重新选择更适合自己的老板，以实现个人和企业双赢的目标。

第三类：对自己大方，对员工也大方

这样的老板一般被评价为“豪爽”、“阔气”，与这样的老板共事，会让员工感到什么是厚道和热情。这样大方的老板常会营造一种虚华的氛围，让员工沉醉其中。如果是成熟的、有超额盈余的大企业，则老板的慷慨大方、挥金如土尚可理解，而且作为这样企业的员工，享受大方老板带给自己的大方“奖赏”是非常值得恭喜的事。可是，这样的老板如果身处中小型企业，资金并非非常充裕时，那就可能犯下严重的错误。没有绝对充足的财富支持，却偏偏耽于享乐、乱撒金钱，那这样的企业在发展之路上就会备受阻碍，甚至可能因此负债累累，进而破产。资金并不充裕的中小型企业的老板，要做的最重要的事情就是积累原始资本、不断扩大再生产，把企业做强、做大、做扎实，实现这些以后，再谈豪迈人生。

第四类：对自己大方，对员工吝啬

这样的老板连葛朗台都不如。如果遇到这样的老板，

就要擦亮眼睛，及时转舵，因为他们才是传说中的“周扒皮”。这样的老板不顾及企业发展状况和需要，一味地搜刮员工供自己享乐。有这样老板的公司，不会有太大的发展，而跟随这样老板的员工，结局通常也是最“杯具”的。在没有找到更好的工作之前，可以跟随这样的老板作为权宜之计，可一旦有机会，就应赶紧离开，另谋高就。

总之，老板开公司、做企业，对钱财“吝啬”一些无可厚非。不是每个老板都愿意做慈善家，可以不计回报地为员工奉献出自己的财富和利益。遇到一位仁慈心善的老板固然是好事，但若遇到“葛朗台”式的老板也未必就沦落到了“悲惨世界”，最终该如何应对，还要靠自己去分辨，并见机行事。

03

“朝阳老板”和“夕阳老板”那点事

“老子有钱就是好！”

“谁能借我爸点钱，让我也当当富二代？”

“小老板有什么不好，你们这些保守党……”

刚一走进办公室就听见大家唧唧喳喳的谈话，小林还没从挤完公交车又挤电梯的晕眩中恢复过来，稀里糊涂地问了一句：“谁能告诉我怎么了？”

可可一把将小林拉到一边，煞有介事地问道：“你不会还没听说吧？公司要改朝换代啦。”

小林一惊：“不会吧，公司要倒闭啦？”

可可翻了个白眼：“老板要提前退休，小老板要接手公司，上面换人了！”

经理推开公司大门的同时，讨论的声音也戛然而

止。小林回到桌位上，打开电脑，心里还在想着可可的话：老板退休，小老板继位。家族性企业自然是子承父业的，可是小老板几乎没在公司露过面，要说接手也应该提前锻炼一下吧？这忽然换老板，不知道以后的日子会不会好过。

小林今年26岁，是企划部的职员，大学毕业后通过招聘来到公司上班。这是她从校园走向职场的第一份工作，要不是发生今天的事，她都差点忘了自己已经在公司工作两年了。从最开始的办公室小文员跃升到了企划部员工，虽然进步不是很大，但至少也算有了一定的提升，可看作是让人欣慰的鼓励了。企划部主要负责客户企业品牌的促销和推广，设计广告和做宣传是小林的日常工作。

换老板的消息传出还不到72小时，小老板就雷厉风行地上任了。听其他部门的同事说，小老板还带了一个空降部队，刚上任就在会议室办理交接工作。将各类事情迅速分派给了空降部队后，小老板就不见了。

小林对于小老板的一切都只是听说，不过很明显，这个小老板跟“老老板”大不相同。小林对“老老板”的评价一直都是和蔼可亲、工作认真、体恤员工，不过有时候会觉得他缺少冲劲。以前，“老老板”每天都按时到公司，无论哪个员工跟他打招呼他都会点头回应，一点架

子也没有。他每天大部分时间不是在办公室就是在会议室，跟小林讲过最多的话就是“这个创意不错，再完善一下”、“这个策划基本过关，再润色一下”这样模棱两可的回复。小林时常觉得很头痛：既然过关了，再完善、再润色的又是哪个部分呢？有时候小林熬夜改了方案再拿给老板看，老板却皱着眉头不说话，弄得小林常常心里一点底也没有。有好几次她真想冲上去问问：“哪里需要改直接说行不行！”就这样，“老老板”每次都把小林折磨得筋疲力尽，修改多次后，方案才会被实施。小林觉得，定稿后的方案与“老老板”说“不错”的方案相比，基本每个细节都有所改动，可是改后其实并没有什么实质性变化，甚至可以说基本没有区别。小林心里合计，希望小老板在评价她的方案时能够有话直说，别像“老老板”那样模棱两可，这样至少可以节省时间，让她直截了当地修改不过关的地方。

小老板的空降部队有人“跳伞”到了企划部，整个部门的人都紧张起来。看样子“伞兵”年纪不大，不像是经验老道的油条，不知道会不会是“富二代”的玩伴，大家心里偷偷猜想着。“老老板”领导时大家只感觉工作循序渐进、井井有条，偶尔会抱怨工作有点无聊，因为每天都没有什么变化，似乎缺少点工作激情。可是小老板一上台，首先就改动了公司的管理

格局，基本上在重要部门都派遣了“空降部队”，搞得好像在监视大家工作似的，一天下来，大家都感觉怪怪的。

同样的办公室，同样的同事，处理着每天都在进行的同样的工作，似乎一切都没变。可是小老板的到来在无形中给小林形成了一种压力。她摸不清新老板的脾气，不知道自己的创意是否合乎新老板的心意，所以心里总是十分忐忑，几天下来就觉得昏昏沉沉的。

每天早晨走进办公室，创意部的员工就会接到上级对方案的反馈。过关的案子直接进入后期执行，以前需要来回审核三五天的方案，现在一两天就能确定结果。未通过的案子也会被明确地标注出不合理的地方，责令改正。有时候评语的措辞甚至有些过于严厉，搞得小林看完后很失落。但好在上级的批注很清楚，所以她修改起来很有针对性，不用胡乱猜测老板的意思。就这样，小林他们虽然工作节奏比原来快了许多，却越发得心应手起来。

转眼间一个季度就过去了，小老板上任后公司业绩明显提高了几个点，大家都欢欣鼓舞，对小老板也赞不绝口。大家深信，公司业绩好了，自己的收入也必会有相应的提升。

可是月底发工资时，大家你看看我，我看看你，

都百思不得其解。小林心里想，怎么工作任务完成的多了，工资却没有多？“老老板”在时，公司业绩只要有提高，员工就会跟着有分红，可现在……看着和往常一样“平坦”的钱包，大家心里犯起了嘀咕，有人甚至开始抱怨小老板不如“老老板”。

负面工作情绪一旦形成，就会或多或少地影响工作。心情不好的小林开始在创意上思维“枯竭”，总也想不出什么新想法，有时候只是随便写个方案交上去。结果，她的方案多次被返回再改，可是小林看来看去，也懒洋洋地不愿动手。跟同事聊天时才发现，大家最近的热情都不是很高涨，普遍感觉小老板上任后，工作压力变大了，工作量增加了，收入却“涛声依旧”。有的人甚至悄悄传言，想要换个公司。上个季度高涨的积极性和大幅度提升的效率，忽然大大衰退起来。

第二个季度的业绩自然不用多说，不仅没有提升，反而比原来下降了不少。两个季度的反差也引起了“老老板”的重视。集体会议上，“老老板”退休后首次露面。员工们看见“老老板”突然倍感亲切，不由自主地就跟“老老板”谈起这个季度业绩下滑的原因和对小老板的不满。“老老板”只是安慰大家好好工作，说小老板经验尚浅，有不周全的地方，以后一定会改善的。事情后来也就不了了之了。

到了年底的表彰大会时，小老板拿出各部门的业绩表和员工的考勤，仔细核对并综合了之前的表现后，开始对各部门分别进行奖赏。业绩最为突出的市场部甚至获得了整个部门集体出国游的待遇，且全程带薪，公司负责全程费用。看着市场部欢天喜地的场景，别的部门员工不禁唏嘘，懊恼自己之前的懈怠，否则自己也可能会获得假期和旅行了。

小老板在会议上说了一下掌管公司半年多来的感受。他说，接手公司时，公司发展几乎停滞不前，各部门把维持业绩不下降作为考核标准，每天从进入公司开始，就等待下班时间早点到来。他之所以自带领导团队“空降”各部门，一是为了及时掌握各部门具体情况，二是想起到一定的督促作用，三是这些人也确实是经过层层选拔筛选出来的精英人士，所以必将对各部门的业绩提升起到不可小觑的作用。至于工资制度也正在进行改革中，原来见业绩就分红的政策将改成年终奖金模式。这样能够敦促员工在一年之内都积极工作，任何一个时间段内都不能懈怠。如此可以提升全年的业绩，从而为公司的持续发展注入动力。而且，这样也在一定程度上减少了员工跳槽率，也有利于员工的长期职业发展。至于员工最终的所得，不仅不会比原来少，反而会增加，像市场部获得的国外游就是一个典型例子。

小林听了小老板的发言，回顾自己半年来的表现，不禁羞红了脸。她后悔自己因为一时的利益减少就对工作产生懈怠消极情绪，对小老板形成偏见和不理解。想来“老老板”和小老板各有各的长处和优点。“老老板”在企业打基础时，发挥亲和力强、奖赏迅速的优点，在创业初期收拢了人心，让员工紧密团结起来，为公司后续发展夯实了基础。然而随着第二次发展提速的需求到来，公司迫切需要一个精力充沛、行动力强的领导者来鼓舞员工，调动大家的积极性，为企业壮大提供动力。小老板实施的新的奖励制度，可以将公司在一年中囤积的资金先投入到项目发展和企业宣传中去，有利于企业的发展壮大。而且，选择在年底收拢资金后统一回馈员工，不仅可以使员工获利更多，且避免了公司与员工争夺流动资本的弊端。同时此举促使员工将目光放长远，避免了短期行为，以与企业共存共荣为己任。

小林思考后决定，以后无论面对“老老板”这样温和的“夕阳老板”，还是小老板这样激进的“朝阳老板”，首先都要摆正位置，端正态度，做好自己分内的事。有能力的员工无论在何种老板手下做事，最终都会被老板发现并赏识，就像金子在沙漠中依旧会发光一样。

原来老板有“内秀”

有句话在中关村非常流行。一些老板常常说：“无论你是高校博士还是名校硕士，就算是念圣经的洋博士，有了天大的本事，也要效力于我这个什么都不‘士’。”此话一出，不禁让诸多高学历的打工族心里酸溜溜的不是滋味。可是，尽管他们对这样的老板心里颇不服气，背地里还常常抱怨、牢骚连连，每天依旧不得不迎着朝霞来，披着晚霞归，为老板尽心竭力地工作着。

对老板能力持怀疑态度的员工绝对不占少数。他们常常觉得自己比老板能力强，却因为时运不济，不得不听命于一个“差”老板。很多员工存在着“背靠背”的心理，表面上一如既往地向老板展现热忱，对老板言听计从、事事迎合，可是背地里却对老板十分不屑，甚至阳奉阴违。

转眼小徐在汽车行业已经工作两年多了，半年前他离开了原有公司，跳槽到了新的汽车行。

小徐之所以跳槽，很大程度上是由于薪酬问题。通常来说，员工销售汽车，公司一般会给予相应的提成，以刺激员工的工作积极性，同时对提高公司业绩也大为有效。可是小徐之前的公司，在提成方面总是做得不到位，不是说客户款项没有汇入，就是说公司需要周转，总之很少能按照规定发放提成。后来甚至连发工资的日子也不那么准确了，有时拖半个月才能收到上个月的工资。面对苛刻、抠门的老板，小徐果断选择了跳槽。

在朋友推荐后，小徐来到了现在的公司。这家公司并没有原来的公司规模大，但起码能准时、足量地发放提成和工资。这家公司的老板早年是个修车的技师，白手起家创办了今天的公司。

由于工资能准时发放，提成计算也清楚明了，所以小徐的工作热情变得高涨起来。很快，勤奋、聪敏的小徐在新公司里得到了老板的重视，试用期从三个月减到一个月，又从普通推销员晋升成为销售组长。

可是随着时间流逝，小徐对公司的了解也越来越深入，他渐渐觉得这个老板有些土，似乎少了点领导“范儿”。有时觉得他不像个老板，倒更像个工人。在处理

大的项目时，老板显得也不是那么精明，好多次生意虽然谈成了，但是在小徐看来，明显没获得最大利益。小徐常想，如果换他做老板，他一定会把公司打理得更加有声有色。

这样的想法一旦出现，就开始变得越来越强烈，天长日久，甚至变成了一种根深蒂固的情绪。之前老板来工作现场时，小徐都会备加留心、努力表现，力图给老板留个好印象。可是现在老板来了，小徐反而故意放松起来，坐在办公室里喝喝水、玩玩牌。若有顾客询问车辆方面的信息，小徐就会递给顾客一叠表格，让他们自己看。

其他同事发现了小徐的变化，悄悄地问他怎么了。小徐不屑地说："遇到他这样的老板，企业什么时候才能做大？年轻的时候吃苦也就罢了，现在还是一副农民的样子，谁会喜欢来这里买车啊！"

小李是小徐的同事，他看到小徐这样，摇摇头说："你不要看老板成天大大咧咧，其实他心里有数。这次订单我们公司可以再多要一个点，你不要以为老板不知道。我听老板谈过这个项目，他说，现在签约的只是其中客户要购买的车辆中的一部分。这批车销售出去以后，我们就会跟这个公司的相关单位达成协议，以后这些单位都要统一更换成我们的车。听说，老板还和他们

签了定点维修的合同。这样一来，我们公司舍小利却有大收获呢。”小徐听完小李的话还是将信将疑，毕竟所谓的后续合同还没有浮出水面，所以老板这样“吃亏在前”，到底是舍小求大还是决策失误都是未知数。

不过此后小徐开始有意无意地观察老板。他发现，这个老板果然不同寻常。在新公司筹备时，老板几乎整天呆在新公司现场，凡事都亲历亲为。可是不管多忙，他都要回老公司查查最近的工作状况，对销售情况做详细的记录分析，对销售业绩好的员工加以鼓励。一次小徐去新公司送文件，发现老板居然跟工人坐在一起吃盒饭。要是搁以前小徐一定觉得老板真土，可是现在小徐却觉得他身上有股韧劲。谁不知道坐在空调房里作指挥、听汇报来的舒服？谁愿意整天东奔西跑、在工地上风餐露宿？连续几个月如此，不要说老板，就连几个跟着他的年轻人也叫苦不迭，可是老板丝毫没有表现出厌倦，依旧笑声爽朗。

让小徐彻底改变对老板看法的是另一件事。一天小徐刚进公司大门，就发现里面围着几个人，正在和员工们争吵。小徐听了半天后才明白，原来是顾客来公司闹事了。顾客半年前在公司购买了汽车，不久后有个零件出现了问题，公司按照规定在保修期内对车辆进行了免费维修。可过了一段时间，车辆又出现了同样的问题，这时车辆已经超出保修期限了，所以公司要求这次维修收取费

用。顾客很不理解，坚持认为应该免费维修。于是双方产生了争执，最后顾客一气之下，居然把车堵在了公司门口，禁止其他顾客出入。员工们一下子乱了阵脚，不知道该怎么办好。有人给老板打电话，请他回来处理。

过了一会儿老板从新公司急忙赶了回来。刚到公司门口，他就暴怒如雷，不听任何理由只要求顾客立即把横在门口的车开走。顾客看老板态度强硬，一时也没了主意，不到两分钟车就开车让出了路。小徐被老板的几句怒吼震得直懵，心想这样一来问题岂不是更加激化了？要解决起来可就麻烦了。

谁知道顾客一让路，老板态度立刻软了下来。他马上吩咐秘书端杯水，把顾客请到他的办公室里去。

半小时后，顾客和老板笑着走出办公室。顾客又是道歉又是感谢，然后爽快地去交了款修车。

问题居然就这么解决了！小徐不知道老板用了什么方法，竟然能让大家好说歹说都劝服不了的顾客这么快就“投降”了。

事后老板在会议上和大家分享了处理类似危机的经验。他说，遇到今天这样的事，作为公司员工首先要做的就是保持良好的态度，无论顾客说什么做什么，都要微笑服务，决不能跟顾客起干戈。可是，当矛盾已经上升到激烈的程度时，先礼后兵的老打法

已明显解决不了问题，不如直接先发制人，把主要问题解决了，别让顾客影响公司的正常营业，再放下身段，站在顾客的角度与顾客协商，以消除他的敌意，赢得他的理解。这样，问题就好解决多了。

听完老板的谈话，小徐不禁对老板刮目相看。想不到曾经以为是大老粗的老板居然在处理问题上这么有技巧，果真姜还是老的辣。外表看起来那么不起眼的老板，原来这么有“内秀”！

老板能够掌控一家公司、一个企业，必然有一定的能力。人无完人，可能老板在专业技能或者其他能力方面不如某个员工，但是老板一定在其他方面有更多长处是员工需要学习的。细心观察你的老板，认真体会老板的一言一行，不要因为他一时的表现不佳就随意给差评。路遥知马力，日久见人心。作为员工，一定要擦亮眼睛，看到老板的内秀，更要当仁不让，在老板面前展现自己的优秀。

选择老板需要“珍视明”

身在职场常会听到“选对老板嫁对郎”的忠告，这说明员工越来越看重对公司最核心的人物——老板的选择。确实，如果不是情非得已，大部分员工并不喜欢跳槽。因为跳槽到一个新的公司，必定要经历新一轮的试用期，需要建立全新的关系网，适应全新的环境和全新的企业氛围，这些都需付出很大的精力。不可否认，跳槽会在某种程度上结识更多朋友，学习更多知识，甚至获得更多薪酬，但是，如果在“老地方”工作满意、处处顺心、薪酬合理，相信大多数原本有跳槽想法的人都会偃旗息鼓。

人们对工作和生活的质量要求越来越高，对舒适度和幸福指数的追求也更加苛刻。工作环境不理想，工作伙伴不喜欢，工资没有达到预期标准，都会让员工产生离去的想法。

想要避免不得已的跳槽，就要擦亮眼睛选择适合自己的老板。工作环境需要老板来改善，调整或者更换合作伙伴需要老板来安排，工资多少更是要由老板直接决定。选对老板才能发挥自己的潜能，为公司创造财富，实现自身价值，否则就会造成“离婚”频现的悲剧。

员工要求老板做四有新人，即外表“有形”，内在“有心”，生财“有道”，待人“有情”。纵观职场历史，按照这个标准选择老板的员工早就大有人在，例如三国最有名的员工——诸葛亮。

诸葛亮学识渊博，机智过人，像他这种高端人才，在市场上名号响亮，声望颇高。如果他主动去应聘，一定会得到老板的器重。可是诸葛亮并没有急于“找工作”，而是隐居在茅庐中，耐心观察天下变化，分析众雄争霸局面，等待最适合自己的老板。

下面分析一下三大老板对诸葛亮的合适指数。

首先，当时最知名的老板是曹操。曹操是通过“谋朝篡位”才得到领导位置的，“挟天子以令诸侯”，所以显得没那么光明磊落。而且曹操虽有雄才大略，但是多被评为“奸雄”。更重要的是，曹操身边已经围绕着一群谋士，想要在其中打拼出一片自己的天地，显然要花费更多的精力。诸葛亮势单力薄，加入到曹操的智囊团中，可能无法将他的才智发挥到淋淋尽致的地步。

其次，当时另一个较有名的老板是刘表。诸葛亮并不好看刘表这个老板，觉得他为人蠢钝且不善用人，若投靠过去，则自己的才能必定无法被刘表赏识。诸葛亮想从事的是军师一职，而如果老板不能采纳军师的意见，那么这个军事的工作也就毫无价值可言。

再者，孙权领导的东吴，也曾经对诸葛亮发出过邀请函，但诸葛亮还是拒绝了。不是因为孙权能力不强，也不是因为孙权名声不好，而是因为孙权诚意不够。而且孙权与曹操有同样的问题——孙权周围也环绕着众多谋士，可谓是人才济济。诸葛亮虽然对自己的才华深信不疑，但他担心一旦投靠孙权，他不能足够信任后加入的自己。若谋士谏言，主公却听而不用，则对谋士的打击可想而知。

最后，当刘备出现时，诸葛亮眼前一亮，看到了职场的曙光。为什么诸葛亮认为刘备是好老板的人选呢？答案就是刘备具备“四有”。

首先，刘备是皇室血脉，天子的叔叔，有一定的地位。良好的出身让刘备具有强大的号召力和影响力，这是第一“有”——“有形”。

其次，刘备为人谦和，仁爱仗义，天下人皆知，所以他在职场上必能够做到礼贤下士、知人善用。这样一位以仁德著称的老板，可谓之“有心”。

第三，刘备为了诸葛亮，不惜降低身份三次来到茅庐，

诚恳地聘请诸葛亮出山。老板拿出自己十二分的诚意和耐心来雇佣一个职员，试问谁会不动心？这是“有道”。

第四，刘备待人宽厚且有远大的志向。光看为他出生入死的关云长和张飞即知。而后来加入的唯他马首是瞻的赵云及众多猛将，都证明了他“有情”。

面对刘备这样具备“四有”好品德的老板，诸葛亮果断出山，充当军师。

不得不说，诸葛亮作为一个员工，十分懂得选择一个对自己最有利的老板，加入一个对自己最有利的团队。首先，三顾茅庐已经证明了刘备对自己的绝对重视，这就奠定了自己在其他同僚眼中的重要地位。其次，刘备身边缺少谋士，这可是诸葛亮专业对口的职位，可以让诸葛亮发挥特长，大展拳脚。再者，共事伙伴英勇善战、各有所长，可以让诸葛亮充分调配，在战略部署时为计划成功提供保障，给工作带来许多便利条件。

对于人品好、条件好、提供的待遇又好的老板，即便是诸葛亮这样高技能的员工也会心甘情愿地俯首称臣，为其效力。事实证明刘备的选择是英明的，之前的付出也是值得的，“得卧龙可安天下”。而诸葛亮的选择更是正确的，在日后的工作中，刘备对诸葛亮是绝对的重用和重视，对他的信任也是超乎想象的。在这样的环境中工作，诸葛亮的潜能也被最大限度地激发，空城计、赤壁之战、草船借箭等经典

案例至今仍被广泛流传。诸葛亮也作为逆转乾坤的神一般的人物，登上了古往今来的最佳职员榜。

诸葛亮就是职场中精明的员工，选老板之前用过“珍视明”，对职场局势分析得非常透彻而且正确。他选择了声誉好、有潜力、发展空间大的老板刘备，并且赢得了他的信任。在最后刘备甚至对诸葛亮托孤，把未来老板和整个蜀国企业都托付给了他。选对了老板，让诸葛亮既成就了自己的事业，又赢得了千古美名。

反观庞统，当年与诸葛亮齐名，号称“凤雏”，却没有诸葛亮有智慧。本来龙凤同时辅佐一个老板，应该是相互竞争、各放光彩的，可是结果却不尽如人意。虽然庞统也选择了这位好老板，但是他并没有像诸葛亮那样在老板面前处处表现得低调谦逊，反而狂妄嚣张，故一直没有受到老板的重视。老板不重视自然也不会重用，所以当诸葛亮混成了总经理时，庞统却只是个小组长。庞统不受重用还有一个原因就是他应聘的时机不对。庞统去应聘的时候，已经是刘备集团招聘后期，对人才的渴求度已经大大降低了。

由此可见，从古至今，员工想在职场中找到适合自己的老板，都必须擦亮眼睛，看清楚、想仔细，且要懂得把握时机、抓住机会。一般在公司刚刚成立，老板急需招贤纳士时，这时你若主动应聘，就很容易获得老板的重用，也容易在之后升职到领导阶层。如果等公司规模做大，一切业务走

上正轨时，再想进入公司就要经过层层审核，而若想晋入更高一级则要付出更多努力。再有，是要善于发挥自己的特长，在工作中不断学习。当老板遇到问题时，要能站出来为老板出谋划策、分担压力，如此就会让老板对你多一份信任和肯定。时间久了，你会与老板培养出默契和信任，晋升的机会也就大大增加了。求职者尤勿盲目选择，没有事先做好准备就乱选公司和老板，以免在工作后力不从心，对老板和公司都不满意，进而影响到自己的能力发挥。

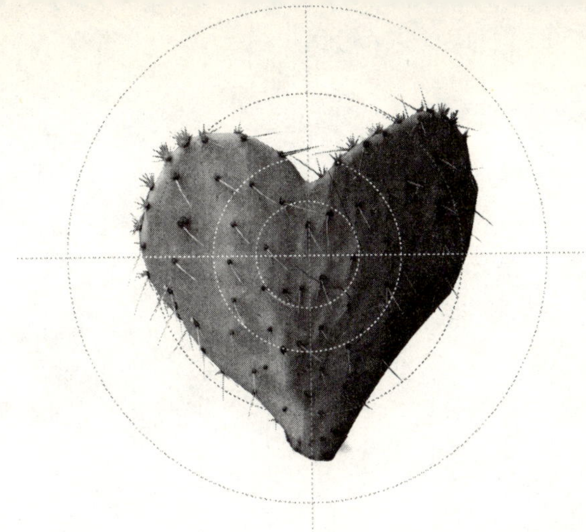

TWO

第二章 为什么“坏”老板总是盯上你

为什么总觉得老板眼睛好像长在你身上？似乎你做什么他都了如指掌，逼得你在办公室不得不谨言慎行，就怕稍不留神成为老板的出气筒。到底是老板太高明，还是你身边有密探？

办公室的压抑气氛来源于何处？怪癖老板到底如何与之相处？内心的委屈和不满要怎么发泄？本章将告诉你如何正确看待职场环境，如何巧妙应对变化的上下级关系，如何让“坏老板”远离你的工作圈。

01

总被色迷迷的眼神盯上

职场的敏感话题就像娱乐圈的潜规则，大家都习惯藏在心里，止于唇边。很多职场女性都遭遇过“咸猪手”、“性骚扰”，而大多数人都选择隐忍退让。

为什么如此?

第一，对象特殊

骚扰元凶不是客户就是老板，都得罪不起。得罪客户最多失去业务，但是得罪老板，很可能被扫地出门。被骚扰时，大多数女性职员会觉得左右为难，既想反抗又怕影响自己的事业发展，而且闹得尽人皆知自己颜面上也不好看，所以不得不咽下这口气。她们总是抱着“忍一时风平浪静”的心态容忍着职场性骚扰，却不知这种无所作为的回避反而助长了很多色客户、色老板的气焰。

莉莉为了拿下年底的大订单，好在新一年得到晋升，最近一直忙着讨好大客户和公司领导。无论上班下班，她都对大客户和领导的要求有求必应。

莉莉的异常活跃让客户眼前一亮。每次公司请客户吃饭，莉莉都会热情相陪。渐渐地，客户对她产生了一些别的心思。

一次公司活动结束后，客户多喝了几杯，要求莉莉亲自开车送他回去。莉莉爽快地答应了。在车上，客户不断称赞莉莉年轻漂亮，还说因为公司有莉莉，他才愿意继续合作。莉莉听到称赞，开始心里还挺高兴，可后来客户竟把手放在莉莉身上乱摸起来。这个举动让莉莉一惊，车子都开得有些不稳了。客户倒是不惊不变地笑莉莉装糊涂，还说，你这么积极地讨好我，不就是想签下这个合同吗，怎么关键时刻还矜持上了？

送完客户，莉莉在车上回想刚刚发生的事情。很显然，客户误会了自己的意图。拿下订单固然重要，可莉莉心里从来没有想通过这种方法。想起客户说话的语气以及后来的动手动脚，莉莉既委屈又生气。可是后来想想，也怪自己求胜心切，最近确实表现得过于热情，让人误会。她不想把事情闹大，搞得客户不满意，因为若

订单没了自己升职也就没什么希望了，所以虽然她心里很生气，但最后也只好忍下了。

现实中有许多像莉莉这样的女性职员，她们遭到了职场性骚扰时没有第一时间站出来喊“停”，而是担心自己的反抗会引起客户和老板的不满意，影响自己的事业发展。却不知，她们选择不声张反而成全了好色的老板和客户，让他们认为其默认了，所以以后还会继续骚扰。

想要摆脱被色狼盯上的困扰，需要做到以下三点：

首先，调整好心态。

明确工作中需要体现的是你的能力，而不是其他。记住，你是靠本事吃饭，所以没必要对色老板、色客户姑息养奸，让他们有下手的机会。

其次，言行得当。

活泼开朗的性格容易与人沟通交流，但是凡事有度，不要跟客户或老板表现得过于亲密，更不要有让人误会的行为举止，否则别人可能会做出一些你预料之外的事情。

最后，穿着得体。

女性喜欢打扮无可厚非，但是在工作场合最好保持健康大方的形象，不要穿着过于暴露，这会让人主观上误解为轻浮。如果客户或老板在心里把这样的员工定义成“风骚女职员”，那即便不会对其进行性骚扰，也决不会愿意与之深入合作，或给其升职的机会。

第二，地位悬殊

面对比自己工作级别和社会地位都高出一截的客户或老板，作为弱势群体的女性职员很多时候被骚扰时迫不得已只能选择隐忍。换句话说，她们并不是不想反抗，而是对手太过强大，反抗不得。

严彤和文洁大学毕业后被同一家外资公司录用了，专业相同的两人被安排在同一个部门。文洁不是本地户口，留在这里工作很不容易，所以非常珍惜这份工作。

部门经理是个白人，对人非常热情，文洁第一天报到的时候，经理就直接给了她一个大大的拥抱。初次见面就这样热情，文洁不禁有些害羞，但是想想这样的拥抱对于经理来说也许只是基本礼仪，就不放在心上了。可是文洁怎么都不会想到，以后几乎每天白人经理都会拥抱文洁。尽管心里非常不高兴，但是想到他是自己的顶头上司，而且自己还在试用期，所以文浩只能忍气吞声，不敢对任何人讲。

同时进入公司的严彤就没有文洁这样的困扰。文洁也很纳闷，白人经理为什么很少主动拥抱严彤？直到有天实在忍受不了，文浩才跑去告诉严彤自己进公司以

来的遭遇。严彤很惊讶文洁居然忍气吞声这么久才说出来。她说开始的时候白人经理对她也非常热情，有次还揽着她的肩膀说：“你表现不错，跟我一起好好干。”严彤感觉白人经理的举动有点过火，立刻就严肃地说：“您的口头表扬我非常感谢，但是其他的形式我可担当不起。”接着就借机逃离了经理的手臂。还有一次严彤给经理送资料，经理笑嘻嘻地说：“严彤你真聪明，我最喜欢你这样的女孩子，会做事还听话。”严彤也跟着笑嘻嘻地说：“我最大的本事可不是聪明，是跆拳道。关键时刻我不光听话，还能拼命呢。”这之后，白人经理就不再对严彤动手动脚了。

面对过度热情的上司，不要一味地迎合，对自己不喜欢的行为举止要及时说不。如果不能硬性地跟上司说明，不妨机动灵活地采取一些应对措施，让上司明白你的意图。柔性的拒绝是最好的解决办法，既不伤和气又能达到拒绝的目的。

第三，定义不明显

这主要源于制度和法规上的不健全。我国还没有正式的法律或者条文来要求各公司或机构对女性员工进行性骚扰维权意识的普及，所以很多女性职员并不知道自己已经遭到了职场上的性骚扰。即便有些反抗意识强烈的女性职员将老板

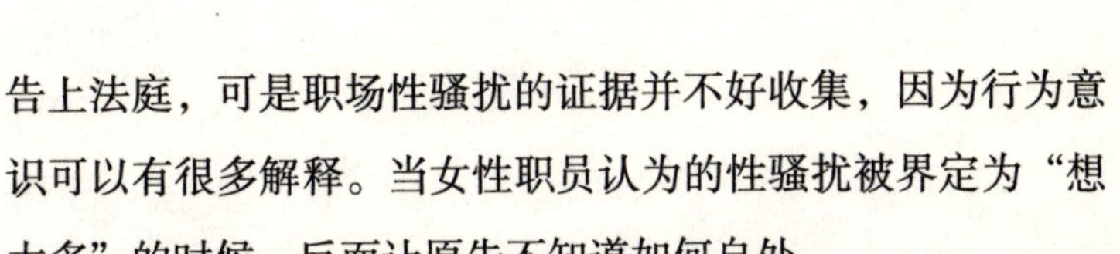

告上法庭，可是职场性骚扰的证据并不好收集，因为行为意识可以有很多解释。当女性职员认为的性骚扰被界定为“想太多”的时候，反而让原告不知道如何自处。

想要避免职场上惹人厌的性骚扰，远离“贼眉鼠眼”的“色鬼”，就必须了解什么言行举止是职场上不应出现的。以下列举几例。

1. 言语上提及有关性方面的词语。包括一些敏感字眼、器官词组或者关于性的笑话。

2. 行为上侵犯隐私部位。如触摸特殊部位，过多或过密的亲近动作。

3. 强迫参与社交活动。在员工不自愿的情况下硬性逼迫其参与饭局、酒局、唱歌等。

4. 赠予含有特殊意味的礼物。包括贴身衣物或者有关性的物品。

5. 工作时间、工作场合观看黄色图文，影响办公室环境和工作气氛。

如果女性职员在工作中遭遇过性骚扰，不小心被色鬼老板或者流氓客户盯上了，不要惊慌也不要懦弱，必须态度强硬地说不。面对比自己强大的对象，要采取机智灵活的应变方法摆脱劣势局面。当情况依然没有改善时，就要收集证据，如利用录音笔、手机记录、同事作证等正规途径，证明自己遭受了职场性骚扰，为日后打官司提供有力依据。

02

我是来上班，不是来上刑

唐杰跳槽到这家公司已经三个月了，但对他来说过得比三年还要漫长。想当初为了进入这家知名企业，他毫不犹豫地辞掉了原来的工作。一开始丰厚的薪酬着实让唐杰兴奋了一段时间，可是渐渐地，多、繁、杂的工作压得他几乎喘不过气来了。

最让唐杰头疼的是他的老板，简直就是典型的“工作狂”。他好像充满电的超人不需要休息一样，几乎时刻活跃在办公室的那头。通过玻璃窗，大家就能看见老板工作的身影，同样老板一个不经意的抬头，也能将大家的一举一动尽收眼底。所以不仅是唐杰，办公室里的所有人都不敢有丝毫懈怠，每天坐在办公桌前都保持精神高度紧张的状态。

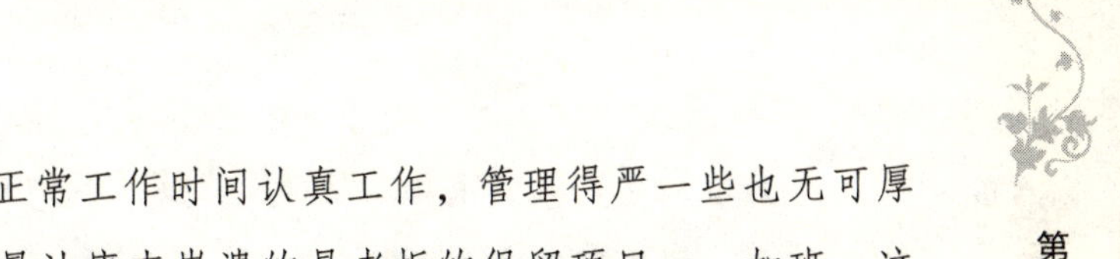

正常工作时间认真工作，管理得严一些也无可厚非，最让唐杰崩溃的是老板的保留项目——加班。这三个月来，加班对唐杰来说简直成了家常便饭。开始的时候唐杰是主动加班，因为唐杰觉得自己作为新人，应该好好表现一番，所以即使手里的工作已经完成了，唐杰也会在下班后留下来准备明天的资料，或者帮帮其他同事。

可是慢慢地唐杰发现，即使自己不想加班，老板也会在下班之前突发奇想，安排新的工作，让他不得不留下加班。他的理由是，因为很多任务都需要紧急处理，如果留到第二天很可能会影响事情发展。

前天，唐杰本来跟女友约好去看电影，因为自从跳槽以来他一直忙着工作，陪女友的时间太少，女友几乎忍无可忍了。为了那个约会，唐杰早在一周前就开始做准备。他先是跟部门领导打好招呼，说那天无论如何不会加班。接着他连续加班赶进度，争取把手头的工作提前完成，避免出现问题。就在唐杰忙活了一周，终于完成了任务，期待着下班后的约会的时候，老板突然把他叫到办公室，说有个案子，明天要飞到广州签合同，可是有些资料还没有准备充分，需要唐杰整理一下。

唐杰拿着资料从办公室出来的时候，整个人都要崩溃了。自己精心设计的日程，居然因为老板的一句话就

这么泡汤了，怎么跟女友解释简直要了他的命。坐在电脑前，唐杰回想在公司的三个月，每天都玩命工作，休息时间被挤压得所剩无几。每天快下班时，老板总会在最后关头站出来通知大家留下加班。工资确实比原来高出许多，可是自己就像打了两份工，一天之中16个小时都在工作。这并不是唐杰想要的生活。女友抱怨自己爱工作胜过爱她；父母整天唉声叹气，同在一个屋檐下很少见到儿子；朋友聚会就更别想了，唐杰哪有时间出去吃饭唱歌。最让他难以忍受的是生活节奏被彻底打乱，一天都在忙忙碌碌地工作，最喜欢健身的他已经两个月没有踏进健身房一步了。

在茶水间遇到同事吉米，她正在给家里打电话。可能是由于临时要加班，本来答应要参加的亲子活动也没法去了，所以她正小心翼翼地哄着女儿。挂了电话，吉米说："我不是来上班的，简直是来上刑的！"唐杰叹了口气，回到桌位。想着约会泡汤，女友生气，自己的生活乱成一团，他一点工作的心思也没有了。转头看看其他同事，发现大家都是一脸无奈，没精打采。秘书露露正在录入资料，好半天才打完一句话，敲击键盘的节奏明显比白天工作的时候慢了许多。连平时最勤快的小寒也已经半天没有任何动作了。只有老板办公室有些响动的时候，大家才会不情愿地行动起来。看来大家跟唐杰一样，对加班有很强的抵触情绪了。

面对工作狂型的老板，为了老板喜欢，很多人不得不牺牲自己的业余时间，加班或者接受过多的工作任务以迎合老板。这就是很多私企压力大的原因，工资待遇丰厚的背后往往都是毫不留情的压榨，这让员工苦不堪言。所以很多人把上班比喻成为上刑场，不死也被扒层皮。

遇到工作狂型的老板时，不想加班就要说出来。因为员工必须明确，老板没有权利占用员工的私人时间，所以如果不是自愿加班，时间一到准时走是你的权利——但是必须保证在完成工作任务的前提下，才好大胆行使权利。若正常工作时间拖拉散漫，由于私人事件或者情绪影响正常工作导致任务没有完成，且还拒绝加班的话，那这样的员工就算没遇到工作狂型老板，也会因自身因素早晚被炒鱿鱼。

唐杰在经历了半年的加班折磨后，终于跟同事集体找老板进行了协商，说明了加班对大家生活造成的不同程度的影响。他们还站在老板的角度分析说，加班很容易导致员工正常工作时间的工作效率降低。因为大家会想，反正完成与否都要留下加班，不如就留一部分工作在加班的时候完成，这样既能得到加班补贴也不会显得无所事事。而且，大批的员工留下加班，水电消耗和卫

生清洁等方面的费用都会增加，造成公司不必要的浪费。最重要的是加班到深夜，很容易耽误员工的正常休息，影响第二天的工作效率。最后经过协商，老板作出了让步，规定公司只在每周最后一天加班，主要是将本周堆积未完成的任务清理干净，避免影响下一个工作周期的运转。其他时候加班需要员工自愿，不会强迫员工加班。但老板也强调，要坚决杜绝低效拖拉的工作作风。

现在的人们更加注重生活质量，追求工作和生活的平衡。遇到工作狂老板，可以采取如下灵活战术：

第一，注意利用边角料时间

不要忽略生活中的小段时间，如果觉得自己被工作包围得太紧没有时间娱乐休闲，完全可以把边边角角的时间串联起来做一下自己喜欢的事。比方喜欢听歌的人可以在等车时放松一下；爱好运动的人可以在上下班的路上做一下运动，例如跑步或者骑车去上班，既能实现运动目的，还能躲过堵车。

第二，公私分明

不希望公司占用你的私人时间，那就不要占用工作时间

去做私人的事情。从踏入公司大门开始就全身心地投入到工作中去，不要三心二意。只有提高效率，在工作时间内按时完成任务，才能在被强迫加班时有资格说“不”。

第三，转移地点

当自己分内工作没有完成，必须留下加班加点的时候，与其心神不宁、胡思乱想，不如收拾好所需物品，拿回家去完成。但要注意，拿回家完成的目的是更好更快地结束应做工作，不要把活儿拿回去后就忘了。

第四，让网购更享受

这点主要针对女性职员。爱美的女性职员常常因为工作太忙没有时间逛街，加班加点的工作也可能让皱纹和黑眼圈爬上她们的脸蛋。好不容易有点休息时间又在家宅上一天哪里也不想去。可总不能不购物啊！这时网络购物就成了一个不错的选择，既节省时间又不浪费体力，动动手指一切就送到眼前。不再抱怨没有时间逛街的女性职员，工作热情也就逐渐高涨了。

总之，无论你面对多么疯狂的老板，都不要一味地抱怨，试着站在老板的角度想想：他为什么喜欢让员工加班？如何才能改善对你不利的情况？保持好心情，多做一些调试，让工作没那么枯燥，压力自然就减轻了。

03

老板简直是唐僧转世，居然怪我三打白骨精

“如果遇到唐僧一样的老板，整天低调不说话，批评起人来又没完没了像念经。一点生活情趣都没有，与他意见相悖就大念紧箍咒，不是扣薪水就是要辞退你。谁能陪他走到西天取经，真是佛祖保佑。”Lisa不停地跟朋友抱怨着。

Lisa在某广告公司工作已经有年头了，从创业初期发展到现在，该公司经历过一夜辉煌崛起也承受过经济危机的摧残。广告公司的发展很具有戏剧性，有时候一则独具创意的广告就可以让公司在业界打响名号，有时候一个经典的广告可以支撑公司走过十年风雨，也有时候一个错误的方案可使公司像流星一样坠落。

最近公司正在洽谈新的广告订单。这是一家知名饮品公司，即将推出新口味的饮料。由于市场上几乎没有类似产品，所以也意味着市场空间巨大。该饮品公司特别重视这次宣传，特意邀请了众多广告公司参与竞标，希望用最有创意的广告吸引眼球。Lisa最近就一直在为此奔波。公司创意部门几乎每天都在加班，其他部门也在极力配合他们制作样片。Lisa既要在外面与客户洽谈业务，保证公司在最大利益的前提下争取到订单，又要在内部征集创意，很是忙碌。可是总没有特别新颖的提案，Lisa变得焦躁起来，这天居然连续三次跟老板发生了冲突，两人大吵之后不欢而散。

经过公司内部筛选，最后基本形成了三个方案。一是欢快主题，突出饮品全新上市，附带开盖有奖等创意。这个方案要求加强宣传力度。可是加强宣传力度，增加电视广告转播的时间和次数，就不可避免地要增加费用，这样一来广告公司就会减少盈利。二是魔幻主题，从一个寻宝活动展开，在经过历险后，饮品被作为宝藏挖掘出来。这个创意主题固然新颖，但是重点不够突出，饮品的全新口味没有得到体现，而这是商家强调的重点。第三个创意主题，需要与同类型产品做对比。在国外这样的广告很受追捧，但是在国内，同一广告中出现不同厂家的商品还从未有过，如果造成侵权和恶意

广告伤害，后果会很麻烦。一旦产生负面影响，不仅商家产品宣传失败，广告公司在业界也会臭名远扬，以后想再发展就会举步维艰，所以这个创意风险太大。

Lisa考虑再三，全部否定了三个提案。可是竞标的最后日期临近，还是没有新方案，老板开始按捺不住，责怪Lisa。因为如果没有新的提案，他们就无法参与广告竞争，不参与竞争连输的机会都没有，意味着公司将主动放弃这个客户。这也意味着此客户之后一系列的饮品广告宣传都会和他们失之交臂。更重要的是，他们参与竞争的消息已经公开，主动退出后外界对公司的评价也会趋于负面，这对公司的形象影响很大。可Lisa觉得没有完美的提案参与竞争，还不如主动退出，她的人生中不允许发生不完美的事情。她坚信自己的职责就是创作出让顾客满意的创意广告，否则她宁可放弃。

最后，老板决定让Lisa休息一段时间，Lisa无奈地离开了公司。老板选择了第二个方案参与竞争，不过结果如Lisa所料，因为对新口味的诠释不够突出，广告创意被PASS。

公司少了Lisa后，很多事情进行得都没有原来顺利，近来又有新的广告公司成立，挖走了很多公司的老客户，让老板很是头疼。老板感觉到了Lisa的重要性。

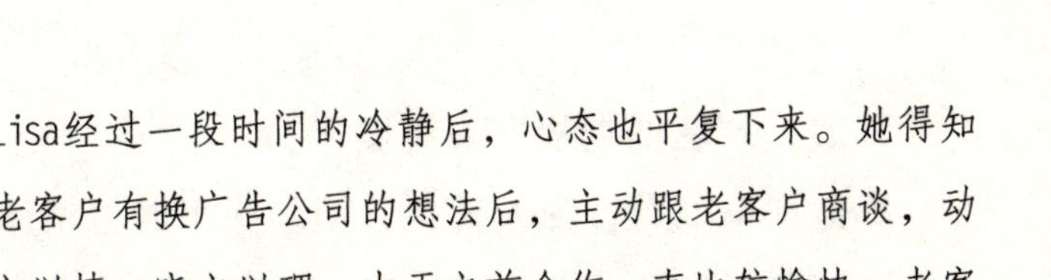

Lisa经过一段时间的冷静后，心态也平复下来。她得知老客户有换广告公司的想法后，主动跟老客户商谈，动之以情、晓之以理。由于之前合作一直比较愉快，老客户犹豫一番后，最终又继续与Lisa所在的公司合作。

老板和Lisa冰释前嫌后，有人问Lisa为什么愿意回来，她回答说：“唐僧赶跑孙悟空，师傅有难悟空当然要赶回来营救。老板让我去休假，我休息好了，自然也要回来为他工作。”

为什么唐僧没什么本事却能做老板，悟空本领超强还要听命于唐僧呢？其实不只因为唐僧会念紧箍咒，“悟空员工”渐渐臣服于“唐僧老板”，有很多原因。

首先，“唐僧老板”具备坚定的信念

从创业到现在，老板从未说过要放弃，目标始终如一。曾经在经济危机爆发时，Lisa几次想过跳槽或者转行，还奉劝老板关闭公司另谋他路。可就像西天取经的路上经历磨难，无论是遇到什么样的妖魔鬼怪，唐僧都没有放弃过取经的目标一样，无论遇到多大困难，老板也依旧坚定地走在广告的路上。Lisa明白，如果不是老板持之以恒的坚持，公司也不会支撑到今天。

其次，“唐僧老板”具有凝聚力

唐僧性格温顺，为人善良，而老板平时也很体恤下属。Lisa平时遇到加急的案子，会不停催促员工，不满意时就表现得很急躁。这种情况下都是老板出面调停，关心员工情绪，安抚鼓励员工继续努力，这才有了一则则完美新颖广告的诞生。Lisa就像冲锋陷阵的孙悟空，挥起金箍棒时不仅打倒了对手，有时也会不小心伤害到队友，此时“唐僧老板”的做法就显出高明之处了，不但稳定了人心，还增强了企业的凝聚力。

再者，“唐僧老板”考虑全面

Lisa只想着作为创意人员，必须提交让客户满意、能够赢得订单的方案，却没有想过其他。而老板的考虑往往不仅从利益角度出发，还要顾及公司的知名度和公关形象。只有公司形象和良好业务能力双双飘红，公司才能在广告界开拓出更广阔的疆土。

最后，“唐僧老板”懂得维和政策

比如三个方案，各有所长同时也都有不完美的缺陷。面对这些问题，Lisa毫无忌惮地指出。若是她能巧妙地与员工沟通，也许会有法子弥补方案，可是Lisa性格急躁，一看到不合格的提案就立即否决，不给员工修改的机会。老板也深知第二个方案的短处，所以在Lisa走后与其他工作人员作了整改，加入了对口味描述，只是时间太短修改得不够仔细，最终依然没有竞标成功。如果Lisa能够冷静地跟大家一同商讨对策，融入一些对口味诠释的创意，结果也许会不一样。

总结来看，当你遇到唐僧型的老板时未必是坏事，因为无论你是孙悟空、猪八戒还是沙僧，都属于团队的一分子，需要相互平衡。而唐僧型的老板最大的特长，就是融合团结各种类型的员工。唐僧老板让悟空在前方开路，八戒在旁保护，沙僧为他提物，说明他懂得用人所长，能够把员工的潜能发挥到极致，让员工在正确的位置上展现自己的能力。

04

老板笑里藏刀，伤不起

员工都喜欢被老板称赞，因为这是对自身能力的肯定。正面的激励会给员工带来积极的情绪，形成积极面对工作的态度，所以大多数员工都喜欢面带笑容、和蔼可亲的老板。可是也有的员工被领导的笑容搞得有些背后发毛，总觉得老板话里有话。唉，笑里藏刀的老板简直伤不起啊。

勇南是软件专业的高材生，可在校时的优异成绩不能减轻他找工作的压力。毕业后，勇南辗转参与了好几次面试，可都以失败告终。不是勇南自己觉得不满意，就是公司不愿招聘没有经验的员工。终于在毕业两个月后，勇南找到了一份还算合心的工作。

老板在商场打拼多年，深知和气生财之道，所以无

论对客户还是员工都笑脸相迎人，以和为贵。开始的时候，勇南觉得自己遇到了好老板，因为他时常笑眯眯地夸奖自己。勇南有种“士为知己者死”的冲动。勇南对工作非常认真，经常主动加班。

在仔细分析了公司流程和运作循环后，勇南研发了一套全新的软件，解决了公司很多需要手动记录的问题，为公司记录、报账节省了大量时间。而且这套软件使得计算过程更为准确、简单，省去了二次核对的繁琐，大大提升了工作效率。

勇南以为自己如此努力工作，还取得了明显的工作成绩，必然会引起老板对自己的重视。事业心强的勇南雄心勃勃，更加投入地专研软件技术。可是老板有自己的考虑。他发现勇南除了软件开发有特长，对其他业务几乎是一窍不通，而且为人内向，不喜欢对外沟通。这家公司作为一家贸易公司，可是非常重视员工的推销能力的。所以每次看到勇南，老板总是先笑笑，拍拍肩膀让小伙子好好干，然后就没有下文了。老板盘算，现在勇南手中的软件对公司非常有利，但属于勇南的个人专利，想要固定使用就得购买或者长期雇用他。不过因为勇南对其他业务一点也不懂，老板觉得他技能单一，因此不想再雇用他了。

老板心里左右为难，但表面上对勇南更加亲和友

善，还经常当着大家的面夸奖勇南是软件设计方面的天才。老板甚至特意成立了一个小组，任命勇南为组长，具体教授应用操作该程序。勇南尽心竭力地培训组员，教他们熟悉程序运作。培训完毕后，老板给了勇南一笔培训费用，又苦口婆心地对勇南说，觉得他在这里工作有些屈才，应该选择去专业的软件设计公司任职，以充分展现他的才华。老板还说，乐意推荐勇南到待遇好一点的软件设计公司。勇南看老板如此热情不好意思拒绝，觉得老板是为自己着想，于是收下培训费用后就离开了公司。

可是，老板推荐的那家公司并没有收下勇南。本来事业发展如火如荼的勇南，居然糊里糊涂地成了失业者，辛苦研发的软件也被前老板低价收购了。他拿着可怜的培训资金，只好继续四处面试找工作。

像勇南这样经验尚浅的员工，遇到笑面虎老板，一不留神就会被耍得团团转，连自己的辛苦成果也轻易成了老板的所有物。所以他们通常只能哑巴吃黄连，有苦难言。

不小心遇到“笑里藏刀”、“口蜜腹剑”的老板，不要认定自己必输无疑，要擦亮眼睛，与老板“斗智斗勇”。如果笑里藏刀的老板让你做事，首先要恭顺地答应下来，不要直接拒绝老板。老板对你和气，你更要对老板客气，对他的看法要表示赞同，先顺着他。若是老板交代的任务根本无法实现，明摆着是在故意为难，你就要学会婉转地拒绝，用尽量委婉含蓄的语言，表明你的观点，切记不要伤和气。

如果被笑里藏刀的老板"重伤"，你该怎么办？

第一，调整心态

其实无论遇到什么样的职场逆境，良好心态都是最为重要的法宝。没有建立良好的心态，不能正视自己遇到的困难，带着负面情绪投入工作，不但对工作没有帮助，还可能造成更悲剧的结果。

第二，反省自身

想一想，为什么老板会对你笑里藏刀？如果你能力强，技术过硬又工作专心，那老板想找你麻烦也没有机会。被老板"重伤"会不会是自己出了问题，老板不满意才折腾你？如何做到让老板离不开你，防止被老板"重伤"？成为业务骨干后，老板反而会主动保护你。

第三，调换立场

很多事情需要一分为二地去看、去分析。有些事情让员工觉得委屈，可老板也是有苦说不出。譬如本文开头的案例中，老板遇到勇南这样的员工，一直留着用处不大，

因为当软件升级到一定程度时，对业务一窍不通的勇南就成了公司的负资产，哪个老板能够容忍这样的员工?

第四，整装再出发

不要因为曾经在工作中遇到不如意的老板，就对所有老板统统失去信心。一竿子打翻所有人是不智的。总结失败的教训，避免重蹈覆辙，不仅可为日后工作减少麻烦，也有利于找寻成功的近路。

笑里藏刀的老板未必就是坏老板，被老板算计也未必完全是坏事，关键看你从哪个角度看待问题。与其埋怨责怪，不如化悲愤为力量，在日后的工作中不断激励自己，以活生生的事实让抛弃你、算计你的老板后悔。再次遇到口蜜腹剑的老板就要及时拉响警钟，做好应对准备，关键时刻主动离开也未尝不是一个好选择。

05

空头支票我上哪花

某个炎热的夏天，曹操领兵讨伐张绣。部队走在蜿蜒崎岖的路上，头上是似火的骄阳，两边是晒得滚烫的石头，士兵们都热得透不过气来。正午时分更是酷热难耐，许多体弱的士兵甚至昏倒在路边，部队的行进速度越来越慢。曹操担心这样下去影响接下来的战斗，可是四处看不到水源，他心里非常焦急。为了加快行军速度，曹操灵机一动，扬鞭指向远方，对士兵说：“我看到远处有一片梅林，那里的梅子甜美多汁，我们加快脚步，绕过这座山就能到达！”士兵听完后精神大振，想象着到达远处的梅林就能大吃甜美多汁的梅子，不自觉地流出了口水，也感到没那么渴了。

曾经的“望梅止渴”是曹操领兵的计策，现如今转换到职场，却成了老板的领导手段。老板们常常给员工设想许多美好的未来，号称前方不仅有“梅林”还有“杏林”、“桃林”，如果坚持走下去，度过一时的瓶颈期，一定能走进美好的果树林。

巩戌在2008年的时候被现在的老板从原来的公司挖过来从事销售工作，已经五年时间了。不过最近巩戌感觉很伤心，对老板也非常失望。

老板特意把巩戌挖角过来，说明他还是很看重巩戌的工作能力的。开始的时候，老板对巩戌确实不错，答应两年之内提升他为销售经理，不仅解决他的户口问题，还会分配住房，至于薪酬待遇更不在话下。

看老板对自己如此重视，巩戌对自己职业发展前景也颇为乐观，工作热情更是日益高涨。第一年年底考评时，巩戌的销售业绩绝对遥遥领先。而想到以后要做经理，巩戌对自己在工作上的要求也更加严格了，堪称鞠躬尽瘁、沤心沥血。

就在前几天，巩戌的一个老客户续单，预备购买一批数目不小的货物。不过因为最近生产材料价格有所下降，所以客户希望公司能够让出5%的利润。由于是老客户续单，而且数目又很大，所以巩戌特意去请示老板，

希望答应下来。可是老板却拒绝降价。他的理由是该类货物的生产程序复杂，而且客户要求的加工时间短，需要增加生产人数，公司不能做赔本的买卖。

巩戌诚恳地跟客户解释了原因，表示自己确实已经尽力，但是公司有难处无法降价。由于曾长期合作，所以客户并没有为难巩戌，而是表示理解，且依旧按照原价订货。可就在结算的时候，客户突然说老板同意降价5%。由于事先巩戌并没有接到老板的通知，所以他被搞得一头雾水。与老板确认后，老板表示确有此事。巩戌询问原因，结果老板说没有任何理由。巩戌非常为难，觉得自己好像欺骗了客户似的。面对客户质疑的目光，巩戌感到无比尴尬，很受打击。

巩戌回想起来，去年年底结算销售提成时，老板推脱说效益不佳，克扣了巩戌的奖金。之前老板也曾经寻找各种理由拖欠提成，巩戌碍于面子，没有开口，时间久了也就不了了之了。

可现在，老板与他约定的两年之约已经到期了。一直以来，自己一直任劳任怨而且业绩突出，完全符合老板要求的升职标准，可老板所有的承诺却几乎都没兑现。面对老板的空头支票，巩戌有些愤怒了，长期付出的辛苦没有换来应有的回报，他真不知道自己还能撑多久。

当员工在职场中遇到喜欢开空头支票的老板时，一定要保持清醒的认知。面对只会画饼安慰员工的老板，不要轻易相信。未来的美好前景固然可以作为鼓励自己认真工作的动力，但不能成为唯一的工作目标。老板的承诺不可过于看重，没有付诸合同的承诺，老板答应的任何待遇都可能会化为泡影。

如何将老板的空头支票变成真实支票?

首先，要让老板知道你的付出多于所得。在日常工作中注意总结归纳，将自己的工作表现和业绩做个详细的报告，主动让老板了解你的辛苦付出。

其次，给自己留有余地。不要把加薪升职作为工作的唯一目标。当你主动要求加薪被老板回绝时，也不要不顾一切与老板争论。想一下自己是否还有做不到位的地方需要改进。也许你为公司带来了不少订单收入，但是你的消费支出也让公司很头疼，所以总体下来领导不同意你的加薪。

最后，不要跟同事攀比。有的人喜欢跟同事的工资做比较，若自己的工资高就喜上眉梢，若自己的工资低就横眉冷对。须知，每个人负责的项目不同，给公司带来的利润也不同，不可能人人拿同样的工资。而且老板想要给每个员工多少薪酬也是老板自己的事，只要你的工资符合你的表现，与你的付出等价，那无论多少都是合理的。

人在江湖飘，老板总发飙

老板脾气暴躁爱发飙，对员工来说绝对是职场悲剧。老板发飙时就像液化气罐在释放丙烷，弥漫到空气中的丙烷不仅有毒，而且在浓度过高时还会导致人窒息。暴躁的老板在办公室有限的空间内持续发飙，就可能导致员工在指责和批评声中逐渐产生头晕、精神恍惚、呼吸困难等症状，犹如丙烷中毒一般。丙烷散发到空气中，如果遇到明火很容易引起燃烧，浓度高时还会发生爆炸。老板的怒气在办公室上空盘旋，员工一个小小的应对失误就可能成为引起老板爆发的“明火”，造成办公室“大爆炸”的悲剧。所以遇到易怒老板一定要小心谨慎，远离“明火”。

老板发飙通常是有原因的，那些无缘无故就喜欢指责员工，总是看谁都不满意的老板，大都是员工“惯”出来的。

安安和尤利分别在不同的五星级酒店任职，两人同样是公关部经理，通过工作熟识，关系不错，两人见面的机会也比较多。

尤利发现安安最近总是无精打采的，气色看起来也不是很好。在一次共同参加的会议上，安安居然一直打瞌睡，作为公关部经理，这样的状态可是要影响工作的。尤利询问安安发生了什么事，安安一脸无奈地说最近业务太多，没有时间休息，而老板要求也越来越多，她应付起来简直手忙脚乱。尤利纳闷，最近两家正在合作共同接待一批重要贵宾，其他事情都暂时搁置了。按理说，接待贵宾的事情不至于忙到像安安说的这样连休息时间都没有的地步呀。

安安公司负责接待的贵宾主要是前来参加博览会的，全部是各专业领域的权威人士。老板要求公关部门必须高度重视，任何一个细节都要做到尽善尽美。所以公关部的工作人员每天都高度紧张，即使顾客没有任何要求的时候，服务人员也会跟随其左右。其他员工还好点，有点休息时间，可安安简直没有一刻安宁，公司的各个角落都不时看到她的身影，连着几天下来，安安自然吃不消了。就在昨天老板下来视察，安安带领员工到门口迎接时，一不小心扭到脚，现在还肿着。

尤利觉得安安如此奔波完全是自己惹的祸。尤利公司负责接待的对象基本是上流社会的贵妇团，她每天也有很多事情要忙。可尤利只是增加了各楼层的工作人员，保证如果顾客有需要，第一时间有人行动即可。至于迎接来宾的事情，尤利则安排了专门的陪程人员在门口迎接，当顾客从踏进公司门口后就有了专门的私人管家，大小事宜只要跟私人管家协商即可，无需尤利亲自到场。这样一来，大家就没有那么繁忙了，尤利也不必时刻准备、精神紧张。

安安问尤利："这样做你们老板不会发脾气吗？"尤利纳闷："我们的宗旨是让顾客满意，怎么做是我说了算，目标实现了，老板发什么脾气？"安安心想，为什么自己的老板总是那么容易发脾气呢？一旦有事她不在场就被说成是失职，她在场就立刻拿她开刀。尤利说老板的脾气都是安安给惯出来的。以前每次老板进公司，走到哪儿安安就陪到哪儿，时间久了，老板养成了习惯，在公司看不到安安就觉得她工作不认真。可是若安安一直陪着老板，很多事情就没有时间去解决，一旦出现问题老板又会来责怪安安办事不力。所以尤利说得对，归根结底老板发脾气都是安安给他养成的习惯。如果安安一开始就注意安排时间，合理调节接待老板和应对工作的矛盾，就不会造成现在的困扰了。

遇到坏脾气的老板并不可怕。人在江湖飘，谁能不挨刀？那怎样将职场上的不利变成有利，不惧老板发飙呢？

第一，搞清楚老板发飙的原因

老板发脾气原因有很多，一定要搞清楚状况，不要一味地接受批评，也不要一时冲动，当面顶撞老板。职场关系多样，人与人之间的交往暗含很多奥秘，如果你不能参透其中的道理，就不要轻易采取行动。如果你的老板是因为脾气不好而爱在办公室发飙，那你就要奉劝自己和同事不要太在意。也可能老板只是说话声音大，或者面部表情不够和善，其实没有其他恶意。

第二，正确看待老板发飙

老板对员工工作不满意，发发脾气不是什么大事，这种情况在每个公司都可能上演。千万不要把对老板的负面情绪带到工作和生活中去，影响到自己的工作效率和生活质量就得不偿失了。

有人讲过一个笑话。

一名员工在公司被领导指责，心中有怒不敢言。下班回家后，他看见妻子，就把满腔怒气转移到妻子身上。妻子莫名其妙被丈夫骂了一顿，心里不快，看见儿子放学回家衣服很脏，就埋怨儿子不爱干净，不体谅自己的辛苦。儿子被母亲责骂心里不痛快，就跑到院子里玩。他看见小狗正在酣睡，上前就是一脚，将它踢出门外。小狗睡得正香被踢醒异常愤怒，正巧路边走过来一个人，小狗上前就是一口，咬的正是发脾气指责员工的老板。

人的情绪是会传递的，如果老板的责骂使你产生坏情绪，那将这种坏情绪带到工作中是跟自己过不去，影响自己的工作效率，带到生活中就会伤害你的亲人朋友，让他们因为你的缘故心情低落。坏情绪会波及很多意想不到的人，也可能会循环回到原点，那就害人又害己了。

第三，对症下药，专治老板发飙

如果你的老板因为嫉妒你的才能，没事总是鸡蛋里面挑骨头，莫名其妙地指责你，那么你就要坚定信念，增强自信，不要因为被老板责骂多了就怀疑自己的能力，自暴自弃。一旦出现自卑情绪，在做事时很容易受到负面影响。时不时地给自己一些鼓励，不要被老板的批评打垮。

如果遇到缺乏安全感的老板，他们发脾气通常是因为对员工甚至是对自己的不信任，担心工作中出现意外情况，如

不能按时完工或者工作质量不过关等。面对这种原因发脾气的老板，你要懂得安抚他的情绪，减轻他的不安全感。你可以在产品质量上设立多重把关，在保证产品合格率的情况下提高工作效率。准时完成工作是必须的，如果有能力提前完成，老板自然就会对你竖起大拇指微微笑了。

老板也可能是因为被其他人的负面情绪传染而发脾气，如客户的抱怨或者订单进度缓慢甚至是上班堵车。面对容易受他人情绪影响的老板，你就要用正面情绪去带动他。老板心情不好，你就主动对他笑笑，在他心烦的时候送上一杯咖啡，多关心你的老板，也可以平缓他的坏情绪。

千万不要被坏脾气爱发飙的老板吓到。老板一声怒喊就乱了阵脚，不知如何应对，这样胆小"脆弱"的人，在职场中很难立足。要把老板的指责和发飙当成工作中的一次次历练，尝试分析老板发脾气的原因，找寻不同的方法去调节老板的坏脾气，以柔克刚让老板化戾气为祥和。

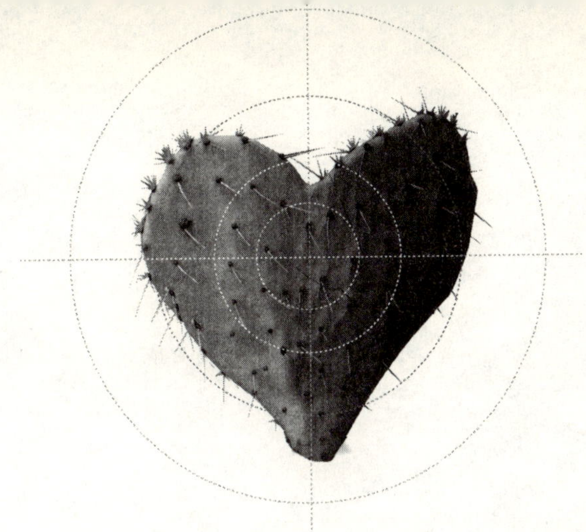

THREE

第三章 老板是好是坏，要看你的眼色

常常被老板指使得晕头转向，碍于领导权威只能忍气吞声？

赞同老板意见时不好意思开口，反驳老板意见时不知从哪下手？

暗自捶胸懊恼还是开诚布公的直言，怎样才能博得老板的喜爱？

成功的老板管理公司，精明的职员管理老板。管理老板并不是操纵你的老板，也不是巴结你的老板，而是为了实现三赢局面：让老板谋利，让公司发展壮大，让自己的价值得以实现。

如何做个精明的员工管理你的老板？找对方法，了解职场规则。老板的好坏，全由你定夺！

高高在上的老板也是人

员工和老板在职场中有着上下级的关系，在职场外二者关系会如何转化？有人做过一项调查，在普通上班族中随机抽取了一百名员工做了一次问卷。在“下班后是否愿意继续与老板见面”的问答上，有76%的人选择了“No”，这个比例甚至高于“是否乐意加班”。也就是说，员工宁可在公司加班，也不愿意在下班后看见老板那张脸。问及原因，有人回答说：“加班是在公司，不得不面对老板，属于工作范围。一旦下班就属于自己的私人时间，就彻底不想看到老板了，希望能轻松地休息。”

现代职员多数都患有“老板恐惧症”。他们会非常留意老板的举动，如果老板的轿车停在公司门口或者老板办公室的窗帘被拉开，都说明老板已经到达公司了。这时员工会不

自觉地提高警惕，精神也开始紧张不安。这种心理源于权力差异，就像在古代的君王制度下，臣子对于君王的命令不得不服从一样。古代君王的一句话可以剥夺大臣的性命，现在老板的一句话也可以剥夺员工的工作，本质上有类似之处。这样一来，导致员工在老板手下工作时，总是表现得小心翼翼，看老板脸色行事。有时过于恐惧和担心可能导致情绪失控，影响到本可以顺利完成的工作。

张莹毕业不久就进入了这家IT公司，主要负责集成技术。IT行业属于高新技术产业，工资待遇自然不错。张莹每天都在绞尽脑汁研发新软件，工作非常繁琐且枯燥，这让张莹感到了前所未有的压力。

压力之下的张莹，虽然依然能够按时交出优秀的作品，但是逐渐觉得力不从心了。更可怕的是，张莹患上了“老板恐惧症”。刚进公司时，为了确保能及时接听到领导电话，张莹特意把老板的来电铃音设置成超大声音的《土耳其进行曲》，歌曲节奏紧凑，旋律不断加强。开始时听到这个铃声，张莹的精神就会为之一振，可时间久了，张莹每次听到这首进行曲的前奏，就会像听到“紧箍咒”一样，不自觉地全身紧张，有时候还会被吓出冷汗。

张莹的“老板恐惧症”越来越严重，发展到后来，

无论是看到老板的身影还是听到老板的声音，她都会不自觉地神经紧张。开会时，张莹总是选择距离老板最远的位置，缩在角落低着头，生怕一个不小心与老板目光对视。路过老板办公室时，她就会加快速度，以免被老板发现找去谈话。老板在的地方，张莹就觉得浑身不安，连走路都蹑手蹑脚，有一次甚至为了避开老板，她躲进了洗手间里。老板发现张莹的异常后，曾试图找她谈话，想要了解她这一系列举动的原因。可是每次张莹都尴尬地一言不发，让谈话不得不终止。

严重的“老板恐惧症”是一种心理障碍，在职场中有三类人容易产生这种心理问题。

第一类：性格内向、自卑的人

性格内向的人一般对事物比较敏感，非常在意大家对自己的看法，尤其是老板对自己的评价。他们时常压抑自己的情绪，对负面评价非常担忧。因为无法摆脱老板带来的压力，所以他们常常选择直接逃避，不与老板发生正面交流，宁可在公司做个隐形人。

第二类：童年有阴影的人

有的人在童年时期遇到过太严厉的老师，在工作时就很

容易对领导产生惧怕情绪。或多或少地受童年影响，员工会把公司当成课堂，把每天的工作当成是在完成老板布置的作业，总是担心工作任务没有完成会遭到老板的批评。在职场中，降职、降薪都对这类人的影响非常大。他们看见老板就像老鼠见到猫，担心自己不小心违反纪律被责罚，故而导致对老板的心理恐惧。

第三类：能力不足、没有上进心的人

能力不足的人总是不能按时完成任务，单人作战时不是无法完成就是拖延滞后，团队作战时常常拖集体后腿，是同事抱怨、上司摇头的对象。这类人常担心由于自己的原因影响整体利益，认定自己什么事都做不好，所以最后干脆什么事都不去做。这类人自然也不愿意面对老板。

一旦陷入恐惧老板的状态，工作时就会心神不宁、焦躁不安，工作效率也会随之下降，甚至造成严重的工作失误。对于患有“老板恐惧症”的员工来说，上班就像来上刑，工作就像在服役，心理、身体都苦不堪言。

治疗“老板恐惧症”需要克服心理障碍。高高在上的老板也是人，上司和下属之间的关系不是水火不容的针锋相对，而应是水乳交融的相辅相成。

首先，老板也是普通人

很多人习惯把老板当成“神”来对待，将老板臆想成为神一般的人物，认定自己只有服从和听命的份。要知道，你跟老板是平等的关系，老板有解雇你的权利，但你也有炒掉老板的选择。正确看待老板这个职位，明确在公司、在工作中，老板是至关重要的决策者和领头人，但是在生活的其他方面，老板跟你一样，也是普通人。想想老板买东西一样需要排队，等待红灯时也担心迟到，在修理灯泡的技术上老板也许还不如你，这样你就能放心了。

其次，摆脱距离感

不要担心和老板交往过于亲密会被同事议论，更别怕自己“溜须拍马”会招来非议。有些员工为了避免在同事中形成负面印象，习惯跟老板保持一定距离，对老板的态度也是尽量平淡。其实，你对老板冷淡，老板对你自然不热情，平白地给自己与老板之间制造了一道鸿沟。要多和老板接触，但不要阿谀奉承，端正自己的态度，多多了解老板的想法和意图。多向老板推荐你的创意和主张，展现自己的才华能力，在沟通中向老板学习成功人士的优秀品质。

最后，注意沟通技巧

下属与老板沟通是非常需要技巧的，老板即便是再具有亲和力的普通人，也始终是你的老板，决定你一时的荣辱。所以跟老板沟通需要注意自己的措辞和态度。赞同老板意见时不能表现得过于吹捧，让老板觉得你为人虚伪；反对老板意见时也不能咄咄逼人，不顾老板的颜面直言不讳。让老板没面子，老板心里多少都会不高兴，对你的印象也会大打折扣。

在工作中不要给自己附加过多的压力，老板也是人，他对你不满意的地方，你及时改正即可。多跟老板沟通，做事讲究方法，待人接物注意表情和肢体动作，多微笑。这些做法不仅可以舒缓自己的紧张情绪，也可以给老板留个好印象。当你正视老板，把他当成和你一样的普通人时，所谓的“老板恐惧症”也就不药而愈了。

02

员工辛苦，老板更不易

影视剧中喜欢用一些大腹便便、脸泛油光的演员扮演老板，里面的老板，通常不是奸诈狡猾就是猥琐好色。想一想，现实中的老板是不是真的总戴着无框眼镜，头发稀疏，在你面前左摇右晃呢？答案当然是否。

选用胖一些的演员来演绎老板，大约是为了讽刺老板整天无所事事、好吃懒做、胡吃海喝。影视剧的编剧们喜欢把员工比作每天四处奔波不停为公司储存蜂蜜的勤劳小蜜蜂，把老板比作“吸血鬼”。实际上，当老板并没有大家想象得那么容易。很多老板头发稀疏，是因为过多的脑力劳动和工作压力导致的脱发。想想看，员工工作有分工，每个人面对自己那一小块工作仍旧感到有压力，那老板面对整个公司，需考虑全盘任务计划及每个环节，他的压力该有多大？而一旦出现失误，最终的承担者还是老板，他能不战战兢兢、如履薄冰吗？

员工每天披星戴月，老板何尝不是。下班时间一到，员工就可以放下工作，尽享属于自己的私人时间。可是老板的私人时间也是用来工作的，下班后的应酬很难间断。要知道，员工之所以有事做，多靠老板不遗余力的争取，才有了源源不断的订单。

新宇的公司最近正在准备上市。作为一家致力于杂志出版的公司，想要上市是非常困难的。所以他们公司的上市不仅对本公司意义重大，对同行业来说也是一个前所未有的巨大推动。公司从创刊到现在经历了27年的风风雨雨，面对日渐萎缩的阅读文学市场，公司居然能在大市场萧条的趋势下蒸蒸日上，不得不说除了工作人员的努力，领导的睿智和能力也是极重要的原因。

上市面临的第一个考验就是融资。尽管公司从最初的原始资本3万元累计到了如今的9亿元，已属奇迹，但是想要达到上市标准，还差得很远。在计划上市的一年里，公司上上下下都在超额完成任务，期刊发行量居高不下，年收入将近一亿元，为上市打下了较好基础。

外界对公司上市充斥着各类看法，公司面对舆论压力，也做着各方面的应对。新宇正在负责起草一套方

案，主要针对上市后，公司模式改变，如何扩大消费市场。由于上市后，公司级别提高，读者对期刊内容的要求也会提高，所以公司要在上市之前做好准备。一旦上市成功，公司就可以再融资后迅速发展，迈向一个更高点，在新的发展空间里收获更多的利益。

新宇这几天忙于整理出版期刊，把杂志的发展做一个具体的总结，便于重新定位消费群体。期刊发行多年，整理起来并不容易，新宇几乎每天都在加班。看着大家都在为上市做努力，新宇能做的就是尽快做好归纳。

这天，新宇忙完工作已经接近凌晨，肚子饿得咕咕直叫，他只好自己动手找点吃的。走出办公室才发现，老板屋里的灯居然还亮着。他本以为老板走时忘了关灯，走近才发现，老板居然也在加班，案头堆着厚厚的资料，老板正在查看杂志发表的影响较大的文章。有的评论关系到名人，可能发生一些纠纷；或者具有影响力的事件报道，在大众产生一定的舆论导向作用，一不小心就可能被人抓住把柄；哪怕一些当时没被关注的文章，随着公司上市很可能又重新被挖掘出来，所以不可不慎。老板一直熬到现在，就是想要处理掉这些棘手的问题，为上市铺平前路，真是辛苦。

新宇悄悄地回到办公室。他想起老板平时总是强调

健康和睡眠，可现在为了公司他却一直熬夜，比任何人都要辛苦。新宇不禁心生敬意，冲了一杯热牛奶送到了老板的办公室。

当企业强大到一定规模时，老板才可能有些轻松悠闲的时间。可是在创业期和上升期，为了选择正确的发展方向，老板在决策时受到的压力和反复思考时的痛苦，不是一般员工能够了解的。企业蒸蒸日上的背后，如果没有老板的英明决策，没有老板给员工指明的工作目标，大家就会像一盘散沙，无所适从。老板靠一个人的力量把大家拧成一股绳，可想而知其背后要付出多少辛苦。

当企业遇到危机步入瓶颈期的时候，员工可能会因为压力或者各种原因选择离职。离开不景气的公司对员工来说不算什么，但是老板没有选择退缩的权利。越是艰难的时刻，老板越要迎头挑战。员工留下的烂摊子，也需要老板埋头收拾。所以说，老板其实真的不容易。

03

老板不是慈善家，Money和Face他都要

老板是一个公司的投资人，是整个企业发展方向的掌控者，是重大事件的决策人，是一个企业的核心。老板对于员工来说，扮演着衣食父母、良师益友、领头羊、推动剂等各种角色。作为员工必须了解，无论老板充当何种角色，他的目的始终如一：盈利。如果员工不能给老板带来相应的利益，对企业发展毫无用处，那这样的员对于老板来说就毫无价值，说成是需要及时清理的杂草也不过分。

当你专心扮演员工的角色，为老板谋得利益、获取价值的时候，还要注意摆正自己的位置，明确打工者和老板的区别。即使你能够为企业发展推波助澜，也要明确这是你的职责所在，不要居功自傲，更不要忽略轻视你的老板，要给足老板面子。须知，老板代表整个公司的形象，

给老板面子就是给自己面子。老板需要权威来管理公司，不顾及老板的面子，肆意妄为的员工，是在一步步将自己逼到崖边，置自己于不利的地步。

彭宁在公司摸爬滚打了七年，终于爬到了销售经理的位置。作为职场的老人，彭宁深谙职场之道，明确老板才是一个公司的决策者，更是左右员工生死存亡的独裁者，所以彭宁对老板特别尊敬。他知道，想要在公司获得认可，首要的是展现自身能力，能够给老板带来利润。给公司提供更多的订单，是对自身能力最简单也最有效的证明。所以在七年的时间里，彭宁不畏辛苦，始终如一地热情服务客户，和很多客户关系极好。不少客户都是因为彭宁才选择了与这家公司合作。

升职后彭宁为了在这个位置上站稳脚跟，特意进一步了解了职场交际礼仪，研究分析了员工与老板之间的关系。无论下属还是老板，都对他评价有嘉，客户也常对这个销售经理竖起大拇指。当同事询问彭宁为什么在公司能够如鱼得水的时候，彭宁毫不避讳地说："搞定老板，一切都不是难题。"

彭宁从来没有在大家心中留下拍老板马屁的印象。因为彭宁所谓的"搞定老板"，并不是对老板趋炎附势、阿谀奉承，而是尊重、理解老板。在与老板的意见

相悖时，他也有灵活的应变措施，从来没有让老板觉得难堪，非常注重维护老板的地位。进入公司七年，每次遇到老板，彭宁都会热情地跟他打声招呼，但是从来没有过分主动地跟老板攀谈。他凡事都先以业绩说话，本着为公司盈利的目的工作。只要是彭宁接手的任务，都能给公司带来不错的收益。面对这样一名得力员工，老板自然喜上眉梢，对他大加赞赏，甚至想要提升彭宁为公司的副总经理。

一次彭宁去苏州出差，在到达后发现老板此次安排的宾馆是一家普通的商务宾馆。相比之前的星级宾馆，这次住宿待遇有明显下降。彭宁悄悄揣摩老板的意图，猜测是不是对自己的能力有所怀疑，或者开始不信任自己了。彭宁甚至做了最坏的猜测，觉得老板是不是想要开除自己却不好意思说出来，所以在待遇上缩减，以逼他自动提出辞。

彭宁在仔细思考过后，觉得老板可能有些难言之隐或者特殊安排。因为自己的表现一直不错，遵守公司规定，工作认真，业绩优秀，没有被开除的可能。

在回到公司后，彭宁在跟财务经理申报差旅费的时候，若有似无地问起为什么这次出差要换宾馆。财务经理说这个季度，苏州分公司总体的业绩有明显下滑，老板将销售报表和差旅费放在一起比较之后，发现销售额没有减

少，但是出差补贴大幅增加。这就给分公司带来明显的经济负担，也给总公司造成一定的经济压力。于是老板决定降低出差标准，开源节流为公司缩减食宿开支。

彭宁思索，这个季度在出差补贴缩减后，虽然有员工稍有抱怨，但是确实为公司省下一大笔资金。在这件事情上，公司和员工分别站在利益的两头考量。员工希望有个良好的出差环境，这一方面有利于订单洽谈，另一方面希望享有更好的福利待遇也是人之常情。所以彭宁在同老板汇报工作时，谈到自己有个小提议，即在出差补贴上各地采取相同的标准，不要厚此薄彼，否则有高有低的档次很容易造成员工心里不满，争抢去补贴高、待遇好的地方出差，那些环境不好、补贴少的地方就没有人愿意去了。彭宁还提议，将附加出差补贴放到订单洽谈后，如果订单通过，为企业带来了收益，则可以再拿到一部分出差补贴，这样可以用后期补偿安抚员工情绪。而如果订单没有谈成，则取消附加出差补贴，只给员工标准的出差补贴。这样，既为对公司节省了开支，也激励员工为了获得更多的后期奖励，在业务谈判时多做努力、尽心尽力。

彭宁的建议为公司解决出差问题提供了有效的方案，老板对彭宁更加刮目相看。他觉得这个小伙子不仅能吃苦、能力强，而且细心负责，办事务实妥帖，是个

值得培养的好苗子。

作为员工，出差时的食宿档次降低、福利下降，自然心里不痛快。可是作为老板，为了整体利益，为了节省开支，自然不愿在差旅费上花费过多。一方要加一方要减，如何平衡？彭宁的方案就有效解决了这个问题，也是通过此次事件，老板更加确认了彭宁的能力，开始考虑提升他为副总经理的事宜。

作为老板，身处其职就要行使他的权利，也要履行他的义务。员工靠老板吃饭，但老板不是慈善家，不会无偿地向每个人进行义务捐献。利润是老板成立公司的根本目的，没有一个老板不希望自己公司赚钱，故没有一个老板喜欢碌碌无为、不能为公司创造价值的员工。想要成为企业中有价值的员工，成为老板面前的红人，就要懂得如何工作为老板挣钱，怎样办事给老板挣面子。老板的腰包鼓了，员工的腰包也就相应地跟着鼓了。没有老板会在自己赔本的时候，持续给员工加薪。老板有面子，员工也就有面子。若老板的形象一塌糊涂，是无法搞定客户、拿下订单的，这对员工来说也是有百害而无一利。

老大真给力，老板也需要鼓励

“情人眼里出西施”，“爱屋及乌”、“恨屋及乌”，员工和老板的关系也可能这样莫名其妙。当你肯定老板的价值时，就会在这个人身上不断寻找优点，从曾经忽略的细节中也会发现不同寻常的美好。世上并不缺少好老板，缺少的是一双双发现好老板的眼睛。

若员工以积极的心态观察老板，则很容易发现老板身上的闪光点。在职场上，想要获取老板对你的尊重和信任，就要首先尊重和信任老板。要找到老板的优秀特质，欣赏老板、赞美老板并何老板学习。老板鼓励员工我们司空见惯，在老板的鼓励下，员工常常会工作热情高涨，增强对企业的何心力，激发员工的潜能。可我们是否想过，老板也是普通人，也需要鼓励?

老板作为企业的管理者，作为一个大家庭的大家长，同样需要员工的不断鼓励。尤其是当老板面临困境和压力时，更需要来自下属的支持和信赖。员工对老板的鼓励，可能会给企业带来意想不到的变化。所以，我们提倡“鼓励老板”。

在鼓励老板之前，要搞清你的老板属于哪种性格类型，了解老板喜欢的说话方式，不要把鼓励变成压力，让你的老板更加喘不过气来。更不要把鼓励变成阻力，让老板更没有信心前行。根据老板的特点，找到正确的方法，将鼓励变成动力，鼓舞老板带领员工再次成就事业高峰，才能实现老板和员工的双赢。

1. 鼓励行动派老板

这类老板喜欢用事实说话，不仅对员工，对自己的要求更是严格。走入办公室的一瞬间，他就全身心地投入工作中去，不停地奔波、努力着。对这种行动派的老板，就要用行动来鼓励他，因为对他来说，再多的语言也抵不过一个出色完成的任务。只有当员工有速度、有质量地完成工作任务时，面对丰硕的果实，行动派老板才会感到深受鼓舞。

2. 鼓励结果型老板

这类老板对员工不要求本科以上学历，不要求名校毕业，也不过问英语是CET4还是CET6。对他来说，重要的是

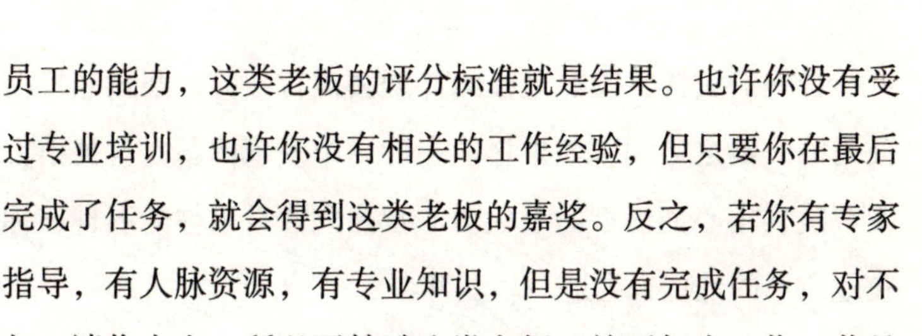

员工的能力，这类老板的评分标准就是结果。也许你没有受过专业培训，也许你没有相关的工作经验，但只要你在最后完成了任务，就会得到这类老板的嘉奖。反之，若你有专家指导，有人脉资源，有专业知识，但是没有完成任务，对不起，请你走人。所以要鼓励这类老板，就要努力工作，若是遇到麻烦就要及时解决，不要等着老板给你第二次机会。一次就成功的结果，对于这类老板来说就是最好的鼓励。

3. 鼓励技术型老板

技术型的老板通常白手起家，从事的是自己擅长的专业，对于公司业务具有熟练的技术基础，且对技术性问题具有很强的见解及处理能力。要鼓励这类老板，就要肯定他的技术能力，因为这是他的创业资本，也是他引以为傲的。面对问题时，要及时请教技术型老板，让他心甘情愿地成为你的导师。对于他的技术的肯定，可以让老板更加笃定自己在公司的价值，同时也为员工跟老板学习创造了好时机。

4. 鼓励小心谨慎型老板

这类老板会仔细制定周密的工作计划，会细化到很多流程细节，以确保工作的顺利开展。他们喜欢防患于未然，对于计划外的突发问题非常反感，希望员工能够按照计划完美地完成任务。鼓励这个类型的老板，就要胆大心细，对计划

进行合理的安排，按照老板的计划去执行任务，凸显老板在公司的决策之英明。如果你能在计划中发现问题并且提出方案解决，小心谨慎型的老板会非常高兴并看重你的表现，你在他心中的地位也会进一步上升。

5. 鼓励冒险王老板

这个类型的老板行事大胆，经常有新的创意，会突发奇想然后立刻施行；喜欢做一些冒险的决策，不畏惧失败。对这类型的老板，你就要替他弥补工作中的漏洞，既表示出对他的野心和胆量的钦佩，也要为他做好全方位的考虑，查缺补漏，如此才能得到他的信赖，成为他的左右手。

6. 鼓励领袖型老板

这类老板是通常意义上的标准化老板，他们大多能够听取员工意见，对事情分析得也比较全面。他们不会单方面偏听偏信，而是看重通过实践得到的结果。他们关心体恤下属，喜欢鼓励员工。面对这样的老板时，员工要放轻松，不要总是拒老板于千里之外。因为再和善的老板也不是幼儿园的老师，不会一直哄你、帮助你。鼓励这种类型的老板，要在气氛融洽的时候，以轻松调侃的语气向他提意见。不要严肃地指责他的过失，因为这类老板非常看重自己在员工心中的地位，不喜欢有人当众指出他的失误。私下或者单独的沟

通鼓励，会卓有成效。

无论面对什么类型的老板，员工都必须懂得，老板是需要鼓励的。任何问题都有解决的方法，正如有位成功人士总喜欢说的一样，“方法总比问题多”。如果你在鼓励老板时觉得效果不明显，可能是没有用对方法，不要泄气，更不要因此就跟老板保持距离。员工的情绪会影响老板的办事能力，如果员工能够敞开心扉坦诚地面对老板，主动鼓励老板，也许会给老板的工作带来意想不到的结果。

把老板当恩人

生活在世界上，我们会因为母亲的关爱感动，会因为恋人的陪伴感动，会被孩子的一声“妈妈”感动。之所以会被感动，是因为我们有一颗感恩的心，它教会我们感谢生命、健康、财富以及一切美好的东西。在职场中，有时老板对下属的体恤不亚于亲人的关爱，他们将公司的希望寄托在员工身上，赋予了员工无比的信任和支持。可惜，很多人看不到这一点。

有的员工会对公交车上扶自己一把的陌生人心存感激，却对在工作中宽容帮助自己的老板熟视无睹。不是员工不懂得感恩，而是朝夕相处的岁月，让员工淡漠了对老板的感恩之心。每天忙忙碌碌的工作，让他们忽略了身边那一双双时刻准备伸出的手。

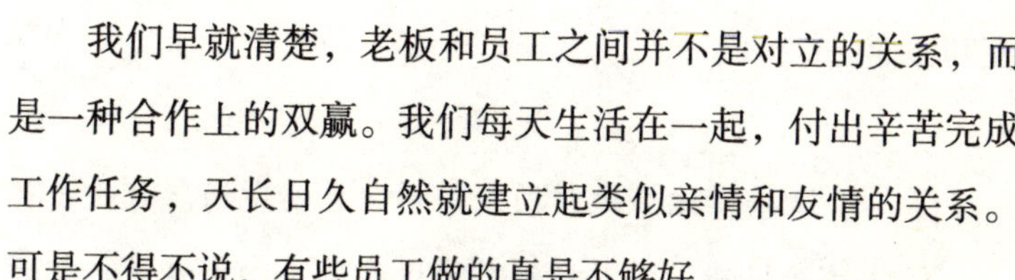

我们早就清楚，老板和员工之间并不是对立的关系，而是一种合作上的双赢。我们每天生活在一起，付出辛苦完成工作任务，天长日久自然就建立起类似亲情和友情的关系。可是不得不说，有些员工做的真是不够好。

当老板为员工构筑了理想的发展前景，却在实施过程中遇到阻碍的时候，很多员工会选择放弃。一旦公司遭遇难关，有的员工就开始抱怨工作环境不好、工资薪酬太低等，甚至把情绪发泄到同事和老板身上，觉得同事水平太低，老板能力差。这样的员工，在公司习惯用发呆打发时间，既虚度了光阴，也影响了工作进度，阻碍了公司发展。这样的员工不能面对挫折，在经历风雨时很容易离开公司，跳槽寻求更好的工作。他们没有考虑的是，没有哪家公司会一直一帆风顺，如果不懂得珍惜老板辛苦打拼的劳动成果，一旦遇到困难就选择退缩，那他的职业生涯也只能是四处漂泊、业绩平平。所以，员工要怀着感恩的心去工作，感谢老板提供饭碗，感谢同事在工作中的帮助，感谢大家在点滴中的关怀。懂得感恩，不仅让自己快乐，也会收获更多！

人们喜欢把老板跟员工放在天平上做比较。有些人认为老板拥有公司，能够掌控一切，员工只能服从老板，并不具备独立性，所以在倾向于同情弱者的心理作用下，大部分人会对员工有天然的偏向和认可。有些偏激的人甚至觉得现在的老板不是周扒皮就是黄世仁，只是在剥削员工，为自己扩

充利益而已。

林老板很无奈地对朋友讲诉自己的境遇。最近公司经营越来越差，面对经济危机带来的市场大萧条，林老板想过很多方法，可是员工总是不愿全力配合，拯救公司似乎成了他一个人的事情。

让公司继续运营的方法有两个，一个是裁员，另一个是减薪。无论选择哪种方式都不是林老板希望的，因为它们对于员工来说，都是最坏的结果。

公司的处境员工也很清楚，也猜到会用裁员或减薪来克服眼下难关。他们的日子也异常煎熬，简直有些度日如年。这时有人开始鼓动大家先发制人，在公司还没有决定怎么做之前，维护自己的利益。他们主张，如果公司选择裁员，必须补偿员工一笔丰厚的辞职金，否则就要闹上一场。此话一出，公司瞬间像一盘散沙，大家再也无心处理业务问题，都在研究应对老板的措施。这样的局面如果继续下去，公司可能会很快破产倒闭。林老板想出面安抚员工情绪，可是又无良策，只能干着急。

就在林老板一筹莫展的时候，公司的财务主管辛蒂主动站了出来，表示同意减薪。辛蒂还找到各部门经理，将公司近半年的账目收入和支出对比给他们看，让他们相信由于经济危机的冲击，公司收入已骤降60%。

经理们突然发现，如此萧条的时期，林老板居然依旧坚持给员工不低于以往的薪酬，实在不易。可是已经半年没有任何起色的公司，如果继续负担员工同样的薪酬，将不可能维持生存。辛蒂跟大家说，这几个月以来，员工的工资之所以能够正常发放，是因为林老板自己出资垫付的，而不是用的公司盈利。

辛蒂又说，在公司发展顺利的时期，林老板从未亏待大家，每年的年终表彰大会，员工都会收到意外的年终奖金。有时候大家自己都不记得的小事，林老板却记在心里，在年末提出表彰。业绩突出的团队，还会被批准休假。公司还总是定期组织郊游，让大家放松身心。既然公司盈利时，林老板从未吝啬对员工的奖励，那么一直在“得到”的员工们，面对突然的经济危机，是不是应该同老板共同分担一些，一起想办法渡过难关呢？

辛蒂的一席话让大家非常羞愧，他们发现自己太自私，一直只想着自己，要求公司一如既往地对待他们。可现如今公司已面临危机，如果大家不能齐心协力，只靠林老板一人的力量想要渡过难关，简直难如登天。各部门经理在召开会议后，决定主动申请工资减半，减轻公司负担，等到公司有所起色以后再商量调回工资的问题。

林老板看到员工如此齐心协力，内心大定，也信心大增。他带领员工四处拉赞助，寻找新的商机。终于，

经过大家半年的努力，再加上经济危机逐渐过去，公司迎来了第二个春天。

如果每个打工者都为了钱，把老板当作敌人，相互争夺利益的最高点，那最终结果只能是两败俱伤。企业的成立为大家提供了工作岗位，员工应该本着一颗感恩的心去为企业效力。那些遇事向后退的员工，也不应该在领工资的时候冲在前面。作为打工者，要拿出“俯首甘为孺子牛”的精神为企业服务，先奉献自己的力量再谈收获的回报。不要因为眼前的不得意就忽略老板辛苦的付出。员工作为公司的一分子，要好事共同分享，逆境共同承担，就像在一个大家庭中一样。将老板视你的恩人，对公司真心付出，你也必将得到丰厚的回报。

我的偶像老板

如果你的老板成天黑着脸，像颗不定时炸弹，说不准因为什么问题就会发火，引发办公室爆炸；如果你的老板整天嘻嘻哈哈，让人摸不透他的意图，不知道自己现在做的事情是对还是错；如果你的老板整天无所事事，将所有的工作都交给员工，不知道任务难度、不了解工作强度、不熟悉业务流程；如果你的老板是个工作狂，每天朝五晚九地工作，逼迫员工像机器一样不停地运转着，让人无力喘息……

无论上述哪种老板，其管理的公司，都很难发展壮大。做老板也是一种艺术，要让员工尽心尽力、心甘情愿地为老板效力，一味地要求员工这样那样已经无法实现目的。想要成功地管理员工，光靠权威式的压迫不行。做个有范有型的老板，让员工成为你的小粉丝，心甘情愿地为你工作，才是

高明老板的明智之举。

雷亮早在2005年就成立了自己的电脑工作室，跟他一起创业的是几个计算机软件专业的同学。这个工作室专门研发全新的网络游戏，因为他们认为，网络游戏在国内非常有发展空间。中国的网络游戏有很多，但是知名经典的游戏却寥寥无几。所以几个野心勃勃的年轻人聚在一起，立志研发出一个能够吸引全国网络游戏爱好者的经典游戏。

一开始，没有知名度的工作室很难接到订单，几个人将全部资金都投入到研发新软件中，给生活造成了很大困扰。没有收入的几个年轻人的“胡闹”遭到了家里的反对，亲友们都觉得他们毕业后不去找工作，整天泡在一起不务正业是不对的。家长们决定切断他们的一切经济来源。在各种压力下，很快，工作室的成员就只剩下了雷亮和另一个同学。两个人的工作室显得荒凉可笑，雷亮也觉得问题很严重，如此下去他们的理想可能会化为泡影。雷亮研究后发现，工作室失败主要是因为没有资金支持，想要搞一套软件的整体开发，不仅需要大量的人力资源，也需要大量的资金投入。

为了梦想，雷亮开始四处找客户。由于雷亮的工作室没有任何经验和知名度，所以品牌商自然对他们没信

心，一开始，雷亮几乎处处碰壁。为了赢得顾客，雷亮采取初期免费的策略，很快就获得了用户的好评，工作室的业绩也慢慢开始有所起色。雷亮白天四处奔走与客户洽谈，晚上还要忙着开发游戏，非常辛苦。但让他欣慰的是，工作室终于存活并发展壮大起来了。现在他回忆起当时不分昼夜劳碌的日子，深感创业的艰难。

雷亮对员工有情有义。同样是80后的年轻人，大家一起工作起来气氛轻松，雷亮对有功之臣更是极力嘉奖。公司的员工对这个年轻有为的小老板也都非常敬佩，赞叹他年纪轻轻就实现了现在的成就。雷亮思维敏捷，电脑技术熟练，对员工亲和友善，这样一位有魄力、有能力又有魅力的老板，简直是员工心里的偶像。

美琳是雷亮的助理，时常跟雷亮一起出入商务场合，陪同他接洽生意。她经常跟闺蜜夸赞自己的老板，而她自己对公司也是忠心耿耿。公司有事，美琳不管多晚都会赶回来帮忙解决。其实不只是美琳，所有员工都对公司尽心尽力。大家认为，能遇到雷亮这样的偶像型老板是自己的荣幸，深信跟随这样的老板，公司一定会越做越强，自己也一定会越做越有前途。

偶像型老板不仅外表亮丽，内在能力更要让人叹服。精明能干的领导者掌控企业，员工才会对公司发展充满信

心。当老板用强大的魅力让员工把自己当成公司的一部分，心甘情愿地为老板打工时，这个公司就离成功就不远了。作为员工，也要善于发现老板的优点，欣赏老板的个人魅力。员工越认同、肯定老板，就会越发对企业具有向心力。当大家心往一处想、劲往一处使时，公司无论遇到任何困难，都会势如破竹地解决掉，并不断前行，发展壮大。

测试你的老板是不是开明君主

员工进入职场好比入朝为官，一定要眼明心亮。生错朝代不可怕，选错君主才头疼。想了解你的老板是不是开明君主，可以先做一个小测试。回答以下20个问题，并记下你回答“是”和“否”的个数。

1. 遇到急需决策的问题时，老板是否能够立即作出判断？

2. 取舍选择时，老板是否为自己的优柔寡断找借口？

3. 遇到客户不满时，老板是否能主动出面解决？

4. 出现问题时，老板是否将责任推卸给员工？

5. 突发意外事件，老板是否能妥帖应对？

6. 老板的日常工作是处理紧急任务吗？

7. 老板是否经常委派员工一些难以完成的任务?

8. 在安排重要行动和计划时，老板是否能做到周密计划、顾全大局?

9. 老板是否不在乎结果如何，只要方案可能让业绩有突破就愿意采纳?

10. 老板是否总在最后关头才将手头任务交给员工处理?

11. 老板是否喜欢赞美他的员工超过喜欢有能力的员工?

12. 老板是否经常夸下海口却不愿意履行承诺?

13. 员工不小心得罪老板，是否会被打入“冷宫”没有好日子过?

14. 老板是否会将自己不喜欢的事情交给别人去做?

15. 当员工完成任务时，老板是否将功劳归于自己?

16. 老板自己是否不愿执行公司定下的规定?

17. 老板是否对员工总是横眉冷对，让人看了就不寒而栗?

18. 老板是否早上做的决定，下班时又更改，让员工无所适从?

19. 老板是否不喜欢听到反对意见，刚愎自用?

20. 老板是否喜新厌旧，对老员工和新员工区别对待?

如果上述20条，你的回答大都是“是”，那么毫无疑问，你很悲催地遇到了专制、不开明的君主。

如果有幸遇到开明君主，就要跟从他的脚步，为他尽心竭力地工作。善于用人的老板不会埋没你的才能，只要你认真工作，是金子早晚会发光。如果遇到糊涂君主，就要小心应对了，不要踩到老板的雷区。可做个劝慰他的谏臣，让他听取你的建议，以促进公司发展。而如果倒霉地遇到暴躁的昏君，那就不要贪图眼前利益了，及时跟老板说byebye才是正经。

如今开公司创业的老板越来越多，但是做强做大且让企业持续发展的并不多。这就是所谓的“创业难，守业更难”。开疆扩土的创业时期需要英明神武的老板，不怕困难、不畏辛苦，对员工起到领路人作用。等到企业发展稳定，进入守业期时，老板就应学会休养生息，不可贪功冒进。老板要懂得采取怀柔政策，让企业在这个时期保持相对的长治久安，为日后发展储备力量。壮大发展则要在创业和守业成功之后。一般企业走到这一步，都形成了一定规模，老板在企业发展过程中，要不断变化管理手法，不能单一地强硬，也不能一味地亲和。恩威并施不仅是君主治理国家的政治手段，也是老板管理企业、管理员工的好方法。

开明君主型的老板通常具有以下特点：

第一，具有强烈的危机意识

时时刻刻具有危机感，并不是对困难的惧怕，而是一种“居安思危”的警醒考虑。企业发展不可避免地会遇到各种风险和困境，想要突破阻碍谋求发展，开明君主型老板会提前做好准备，当危机出现时，第一时间采取应对措施，将不利降到最低点，甚至化不利为有利。

很多小型企业的老板缺少这样的危机意识，被一时的利益和发展冲昏头脑，对公司未来估计得过分乐观，结果当遇到问题时因为没有全面的应对方案，很可能导致公司迅速垮塌。具有危机意识的老板，才能带领员工越过一道道坎儿，增强企业凝聚力，成功化解发展中的危机，将企业一步步带到更强、更快的发展状态。

第二，规矩面前，一视同仁

没有规矩不成方圆。管理一个企业就要确立相关规定，规范员工的行为，让公司在一个良好的环境中茁壮成长。公司制度不单是对员工的约束，作为老板也一样需要严格执行。好老板会在遵守制度方面起到表率作用，绝不让规定成为一纸空话。老板严格遵守规定，员工自然会认真对待规定。若遇到规定的破坏者，开明君主型老板绝不会放纵，无

论是谁都会严惩不贷，这样才能“杀一儆百”，在员工面前树立威信，建立权威。

第三，知人善任，感激员工

君王之道讲究“水能载舟，亦能覆舟”，在职场中同样如此。员工依靠老板生存，老板也要依靠员工为自己谋利。开明君主型老板明确知道自己需要何种类型的员工，在挑选员工时会选择适合的人员，这就是“知人”。在工作中，开明君主型老板会经常鼓励员工，激发员工的潜能，让员工在最大限度上奉献自己的智慧，这就是“善用”。优秀的管理者会发掘每个员工身上的特质，让他们的能力在工作中发挥得淋漓尽致，从而实现公司和员工的互促共赢。

第四，瞻前顾后，考虑全局

现代职场上很少有员工会为某一公司服务一生。老板可能无法选择更换自己的企业，但是员工会不断地更换自己服务的公司。这是市场发展不可避免的需要。精明的老板在这个问题上能够全面考虑，既不强求员工去留，也会为企业持续发展做好准备。在遭遇危机时，开明君主型老板也能够确立明确的目标，制定完整的计划，让员工有依据、有方向地开展工作。

不是所有老板都是开明君主，如果遇到的老板有这样那样的缺点，也不要心灰意冷立即辞职，因为判定老板的能力并不是一朝一夕可以完成的，要在其不断的处理问题的过程中为其打分，慢慢发现其优缺点。人无完人，要求老板是开明君主的同时，员工更要审视自身，做个贤士良臣，将自己打造成优秀员工，这才是重中之重的职责所在。

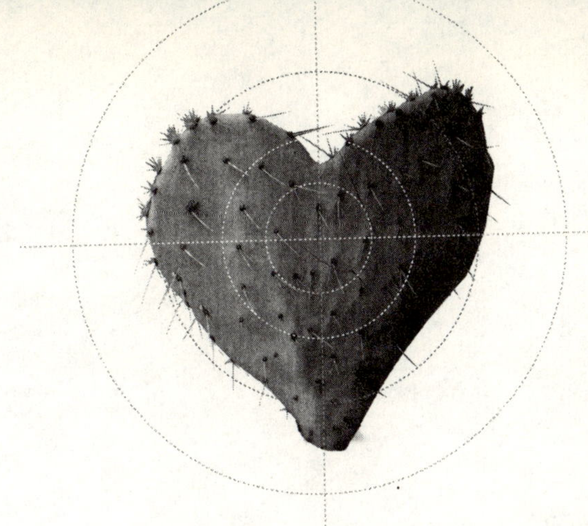

FOUR

第四章 亲，多款好老板包邮

招聘高峰期再一次来临，无论是初入职场的小菜鸟还是准备跳槽的老油条，都在四处观望，准备为自己的下一段里程寻找更好的起点。那么，在选择工作时，要注意哪些问题？如何避免遇到负担过重、压力过大或者薪酬待遇不给力的工作？

答案是选对老板。

01

知己知彼才能百战百胜

打工之道在于选对老板，跟错老板不仅浪费青春，还可能给你带来不必要的麻烦。员工在工作中处理问题时会表现出不同的特质，不同的人面对同样的问题时也会有大相径庭的处理方法。作为企业的核心人物，不同老板对公司的管理、员工的领导也不尽相同。那么，如何选择一个适合自己的老板？需要提醒的是，别人眼里的好老板未必适合你的发展需要，而别人口中的坏老板也可能恰恰最能激发你的潜能。

想要在职场中谋得一席之地，选择老板时就要注意知己知彼，了解你的老板属于哪种性格、哪种类型。跟随不同的老板要采取不同的方法，从不同角度和侧面进行沟通交流。当你掌握了不同老板的处事方法和性格特点时，就突破了老板选择上的障碍。做个有知名度、有能力的职员，多款老板

就会任你选择了。

好老板具备九个标志：

第一，业界精英

一个企业在老板的领导下，能在业界取得一定成绩和声望，最能彰显老板的能力。

精英老板的标准通常具有以下几个：

首先，有魄力。

老板的商业思想和理念直接影响着公司的发展方向。一个有魄力的老板，对市场有敏锐的观察，在应对市场变化方面有独到的见解。在进行关键决策时，他果断但不武断，行事作风让人折服。员工非常乐于追随这样有魄力的老板。

其次，有气势。

对内，老板掌管公司，对外，老板代表整个公司。如果老板缺少气势，那员工自然信心不足，客户对这样的公司也很难抱有多大期望。赢得市场不仅需要高明的手段和敏锐的判断力，更需要气吞山河的气势和海纳百川的胸襟。老板要经得起暴风雨的洗礼，遇事敢于承担，不畏苦难，且要有东山再起的勇气和毅力。

再次，有智慧。

一个老板如果有魄力、有气势，但是在企业发展的过程中一直碌碌无为，没有带领企业走向成功，那只能说明这样

的老板缺乏智慧。老板的智慧可应对市场变化，促进企业的发展壮大，并为员工谋福利。别人做不了的事，他能做成；常规方式行不通，他能改革创新。这样的老板，才称得上有大智慧。

最后，有雄心。

老板作为企业的“统治者”，需要带领员工扩展版图、增加效益、提高员工福利。这些都需要老板的雄心来帮助实现。老板若安于现状、不求发展，则企业终会停滞不前；也许一时的富足可让员工满足，但随着其他企业的进步和发展，小富即可的老板必然不能成就大事业，必然会引起员工的不满。对于员工来说，跟随这样的老板，只能维持眼前的标准，无法获得更好的发展。这样的老板，最终会被精英型员工抛弃。

第二，精明不畏风险

一个企业从初期的创业阶段一步一步走向发展壮大，要面对途中的各种挑战和坎坷。在这条充满风险的路上，老板要披荆斩棘、大步前进，带领员工走向成功。可是单单不畏风险、敢于冒险的老板，并不能带领员工走向成功。在企业发展过程中，老板无疑要做出许多重大决策，老板在决断时，要靠很强的能力来保证决策正确。精明的老板会抓住微小的机会，在分析全局后果断决策，既不会

冒进，也不会怯懦退缩。

跟随不敢冒险的老板，作为员工，很难有更大的发展空间。这样的老板会白白放掉很多机会，一定程度上会阻碍公司和个人的提升。而跟随敢冒险但是不够精明的老板也很“杯具”。跟着他不顾一切地冲锋陷阵，就可能在枪林弹雨中无辜受伤。只有跟随精明且不畏冒险的老板，才能在商战中不断打胜仗。精明老板会综合考虑资源条件、公司负荷程度、有效信息和不利因素等各种情况，在瞬息万变的市场中统筹全局，运筹帷幄、决胜行里，带领员工从一个胜利走向另一个胜利。

第三，明确大势所趋

感观敏锐的老板在市场中能看到商机，能准确地判断潮流和趋势，带领企业顺势而行。无论是企业还是个人，在市场中打拼都要遵循市场规律，不可逆势而行。看不出大势所向，错误评估了局势，会给企业带来严重的损失。有些老板妄自尊大、盲目自信，认为自己能力超强、无所不能，其结果就是在不切实际、逆势而为的决策后，将企业推向灭亡。

第四，不同年龄，不同选择

老板的年龄不同，志向也就不同。员工选择企业时必

须考虑老板的年龄因素。刚刚步入职场的菜鸟，最好投身于一些成长中的新生行业，选择一个潜力股老板，跟随他一同发展。这类老板大多比较年轻，且在创业初期，为了企业发展，需要储存更多经验和能量，需要新型员工不断突破和创新，所以对初入职场的员工比较青睐。因为这样的员工无论从体力还是精力上，都符合公司开拓前进、大胆创新的要求。而且这样的员工由于缺少经验和阅历，可以在创业期的企业中更好地学习，以积累更多经验。

大器晚成的老板并不多，所以如果你的老板年纪不小了，但企业却依旧处在初级阶段，那么可以预见，其日后的发展成就也很可能有限。年纪较大，且公司成立日久，有一定市场根基，这类老板通常更倾向于保守安逸。成熟型老板在商场摸爬滚打多年，经验丰厚，有应对风险的智慧。当在现有企业发展受限时，有经验的员工可以选择跳到成熟型老板管理的公司，也许这正是你发挥能力的平台。

第五，耐得住寂寞

高处不胜寒，老板处在企业的最顶端，无论出于何种原因都不能产生退缩的想法。不管面对何种困境，老板都要坚定信念，依靠毅力在孤独中坚持。孤军奋战时，咬牙顶住，不管风雨如何猛烈，都要勇敢面对。下属仰望站在高处的老板，也许会对其至高无上的位置充满无限遐想，可却没想到，目光所

聚之地的压力是旁人无法体会的。耐得住寂寞，不畏惧孤独，这是优秀老板的基本素质之一。

第六，禁得起诱惑

禁得起诱惑比耐得住寂寞更难。诱惑对于老板来说，不仅是敌人，更是陷阱。在经济、权力或者地位的诱惑下，人可能会迷失自己，失去原有的理性，偏离对事物的正确判断。在“不可错过好商机”的诱惑下，有的老板可能会错误判断市场，甚至可能采取非正当的手段进行竞争。当东窗事发时，这样的老板不但会把自己的精力和体力消耗一空，也会使公司陷于不利境地，严重者甚至倾家荡产、人亡厂消。所以好老板一定要禁得起诱惑，无论面对何种局面，都要摆正自己的位置，不要为一时的利益自乱阵脚，让自己辛苦创建的企业在闹剧中销声匿迹。

第七，突破自我

企业的发展要经历不同阶段。创业初期需要老板积累资本和资源；成长时期需要老板为企业扩大市场影响力；突破阶段需要老板不断发掘新商机，给企业带来二次提升；成熟时期则需要老板把持大局，让企业稳固发展。

如果老板不能随着企业的发展改变自己，不断寻求自我突破，那企业就会被固定在一个模式上，一成不变地低层次循

环着。而企业得不到突破，就会被市场大潮所淘汰。竞争如此激烈的市场经济条件下，不仅员工需要不断深造、提升自我，老板更要时时更新管理理念，以便于能更好、更准确地评估市场，判断商机，实现自身和企业的质的飞跃。

第八，危机意识

敢于冒险的老板，要做好应对风险的准备，没有一个企业会在风平浪静中稳步发展到成熟阶段。老板在掌控公司发展时，要提高预见性，能够防患于未然，把危机扼杀在摇篮里。懂得居安思危是评判一个优秀老板的重要指标。

如果老板无法预见企业发展中可能面对的阻碍，不能提前做好防备，那么当危机来临时，在毫无准备的情况下，企业就很容易陷入泥潭。将可预见的危机提前化解，对突发的危机及时应对，才能让企业在发展中乘风破浪、渡过难关。

第九，用人有道

一个企业不能只有老板，更需要员工的支持和辅助。所以老板必须眼明心亮，善于用人。对于不同性格、不同特长的员工，老板要根据企业的需要，委派给他们不同的任务。性格开朗善于交际的人，适合放在公关部门或者业务部门；做事谨慎、心思细腻的的人，适合做文职或者监

督工作；有技术的人，要根据他的特长安排到相关岗位。如果一个老板将学习软件编程的员工安排到行政的岗位，那他可能因为对工作内容一窍不通而根本无法胜任这项工作，造成人才的浪费。更重要的是，人不对岗还可能耽误企业的工作。所以老板要对员工个人能力和公司岗位需求做到心中有数，把有用的人用到该用的地方，让员工扬长避短，为企业更好地效力。

老板是否符合优秀指标，要靠大家在工作中细心观察。无论何种老板，在处理事务的过程中，都会展现他的手段，所以发现老板的能力和优缺点并不难。想要选择一个适合自己的好老板，一定要知己知彼，了解、认识你的老板，并找出自己效力于老板的正确方法。这样，才能在职场百战百胜，成为像诸葛亮一样出色的员工。

做一只温和型老板的“小野猫”

尹利的老板很温和，是个公认的好脾气的老板，极具亲和力。可是，面对总是笑脸迎人，时不时来句“甜言蜜语”的老板，尹利几次加薪的希望都泡汤了。

尹利在一家IT公司工作，现任市场部经理，主要负责产品销售和策划。进入公司三年以来，凭借优秀的个人能力，尹利从最初的销售助理晋升到了部门经理，很受老板的赏识。

在做销售助理时，尹利对自己的薪酬还是很满意的，但是当他升任部门经理后，薪酬依然没有增加，他就有些不满了。随着公司缩减人员编制，尹利团队的人数从原来的十二人缩减到了五人，而作为部门经理，尹利几乎承担了一半的工作任务。更让他难以忍受的是，

随着自己职位的晋升，公司对他的要求也越来越多，他的工作压力也相应地越来越大。尹利觉得，老板委实应该给他加薪了。

忙碌的工作加上并不能让人满意的薪水，让尹利对工作失去了原来的热情，他甚至觉得，担任经理后倒不如原来做小助理时过得舒心。所以尹利迫切希望公司能够为部门加派人手，并且提高他的薪水。

老板和尹利的关系并不像一般的上级对下级，更像是谈得来的好朋友。面对温和又极具有亲和力的老板，尹利几次想要开口提加薪的要求，都不好意思。这次尹利想了好久，才鼓足勇气跟老板挑明。可一提到加薪原因，老板立即发挥他卓越的口才，轻轻松松就将尹利想到的加薪理由不动声色地化解了，尹利只能垂头丧气地无功而返。

老板是这样应对尹利增员、加薪要求的。他先把尹利叫到办公室，态度和善地对尹利入职以来的表现进行肯定和表扬，然后再很诚恳地对尹利表示关心和歉意。他说公司最近任务比较重，作为老板的他也感到压力很大，希望尹利能一如既往地认真工作，不要辜负公司对他的信任，他还强调，以尹利的能力，在公司会非常有发展前途。最后老板表示，过段时间会给尹利安排一个助理，相信尹利完全有能力处理这些任务，但是不希望

他太过辛苦。

走出老板办公室，尹利脸上写满无奈。面对温和老板的诚恳态度，他只能是哑巴吃黄连，咽下想要吼出的要求。

过了几天以后，老板承诺的助理终于上位了。有了助手的尹利有种如释重负的感觉，毕竟多了一个可以分担工作任务的人。可不久后的某一天，尹利去财务部送报表时，正巧碰到会计在整理工资表。无意间尹利惊讶地发现，他的薪水比新来的助手仅仅高出几百块。这对尹利来说是个不小的打击，连续几天他都闷闷不乐，没有心情工作。

一向对工作高度投入，对老板充满信任的尹利万万没有想到会受到这种待遇，那种感觉，五味杂陈。他检讨后发现，自己一再讨薪失败就是因为态度不够坚决，老板讲几句糖衣炮弹的话自己就不好意思继续开口了。尹利想，自己所做的工作在其他公司好歹也算是个总监级别的，可职位和待遇与同行业中的同等级别的人比起来却是云泥之别。之前因为老板如此器重自己，所以尽管薪水不如意，尹利也没想过辞职。可是现在，尹利实在是很伤心了。

想到老板是在温柔地骗取他的劳动所得，尹利更加心灰意冷。

温和型老板多数会对员工采用亲情、友情式的沟通方式。当员工提要求时，温和型老板总是表现得很诚恳，铺陈公司有难处，自己也不容易，让员工不忍心强提要求，只好带着歉意离开。

尹利几次讨薪失败，不仅是因为老板的温和攻势，也是因为自己的应对策略失败。在没有事先沟通的情况下，他直接出击讨薪，让老板根本没有做心理好准备。再者，尹利总认为自己业绩突出，在公司中的收入和他的付出不平等，但这并不代表老板的看法，也许老板心里，尹利的表现还可以更好一些。

应对温和型老板，巧妙提出加薪的方法可分为三步：

第一步，把握天时

做事讲究把握时机，请求加薪也要选择一个时间。公司一般会在年末进行绩效考核，想要加薪，可以选择这个时间。当老板公布业绩时，若自己表现很好，可及时反映加薪想法。面对员工优秀的业绩，老板想要拒绝加薪也不容易。

如果公司没有年终考核，员工就要注意总结自己的工作成果，对每个月、每个季度的业绩进行统计和总结，这样在期望加薪时，可以通过你的业绩表，证明自己的劳苦功高。

第二步，把握地利

任何一个员工都不会嫌弃工资待遇过于丰厚，加薪是每个员工的愿望。但是员工应该衡量自己在公司的价值，在现在的岗位上是否真的付出大大超过所得，有没有为公司创造更多价值。这些都是加薪的砝码。当公司面临人力资源短缺、生产设备不足、客户刁难等困境时，你是否为公司化解过困境、解决过燃眉之急，在公司渡过难关上起过至关重要的作用？

更要注意了解行业内的工资标准，探听请楚在同行业或者同职位的其他企业里，公司薪资是否达到了平均水平。如果公司的薪资在行业标准内已经处于高位，则依旧强烈要求加薪就显得不合理，老板针对这种不必要的加薪，很难给予批准。

第三步，把握人和

下属与老板之间需要沟通和交流，员工要求老板加薪，需要和他进行开诚布公的谈话。

首先要表达自己的真实想法。如果你真的具备加薪条件，在公司表现优秀、工作成绩突出，纵然温和型老板的甜言蜜语很难抵挡，你也要坚定信念，有技巧地实现加薪目的。

如果老板一再拒绝你认为合理的加薪要求，你可以纵

观一下同行业是否有其他公司在进行高薪招聘。你也可以有意无意地向你的老板透露你的跳槽想法，如果你真的很优秀，那老板一定不愿意失去一个有价值的员工，就会选择主动加薪留住你。

应对温和型老板的加薪策略，就是做只“小野猫”，适当展示自己的“利爪”。当老板认为你无论如何都不会离开“家”的时候，也就不会主动提供“大鱼”来挽留你。当你随时可能离开老板另谋出路时，为了挽留人才，老板就会采取一定措施。另外，还要做只勤快的“小野猫”，能抓“老鼠”，员工只有认真工作并用业绩说话，才能让老板心甘情愿地为你提供“大鱼”。

03

强势老板软相处

肖璇看到主管薇薇安，就像老鼠见到猫。碍于人情世故，她不能立即逃离现场，但只要薇薇安一接近，她强大的气场就压得肖璇喘不过气来。用肖璇的话说，那感觉就像“血压升高、喉咙发紧、心跳加速，身上所有的细胞都在一瞬间聚集在一起……”每次平安避开薇薇安，肖璇就像经历完一场战役，全身的能量都被消耗一空。

应对气场如此强大的老板，肖璇采取了“敌进我退”的策略，在公司门口看见薇薇安的车，她一定躲得远远的，甚至在洗手间听到薇薇安的声音，她都要等到她彻底离开才肯出来。面对如此强势的魔头上司，肖璇工作起来就像在上刑。

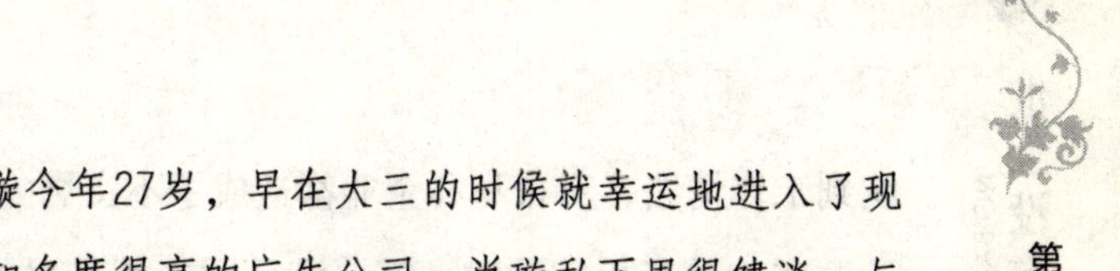

肖璇今年27岁，早在大三的时候就幸运地进入了现在这家知名度很高的广告公司。肖璇私下里很健谈，与同事关系都还不错，在进入公司后参与过好几个大型活动的服装设计。当同学们还在四处寻找工作时，肖璇已经得到老板的认可，被聘为这家公司的正式员工。同学们都非常羡慕肖璇，却不知她内心的苦楚。

就在肖璇参加工作的第二年，公司迎来了现在的主管薇薇安。薇薇安生于香港，工作起来雷厉风行，凡事都公事公办，着实有种铁血女将的风范。薇薇安喜欢给员工安排任务，工作多到没完没了。她对下属员工异常严格，最让肖璇吃不消的是，薇薇安工作起来不分昼夜，无论是工作日还是周末，大家都逃不了和薇薇安一起加班的厄运。

现在，肖璇只要想到工作，就头疼恶心。

察觉自己心理变化的肖璇曾经试图与薇薇安沟通，可是面对薇薇安的严肃态度，她话到嘴边又咽了回去。肖璇对薇薇安越发惧怕，现在不要说跟她谈话，就连薇薇安路过身边，肖璇都会绷紧神经。时间一长，肖璇的工作业绩一落千丈。

遇到像薇薇安这样的强势老板时，许多员工敢怒不敢言，总是选择逃避，结果工作环境并没有因此好转，反而影

响到工作情绪，对自身和企业都造成了不良影响。

在涉及老板问题时，需要默认“老板是对的”，这是职场潜规则。老板在工作上的对错要看员工从哪个角度理解。对于员工来说，也许面对作风强势、管理上比较严厉、对员工有攻击性的老板，就会觉得老板是错的；可是对公司而言，老板的工作任务就是赚钱，只要老板能在法律允许的范围内挣得利润，那他采用什么样的管理风格都无所谓，只是他的个人选择罢了。

应对强势老板，要选择软性相处的方式。要了解强势老板的潜台词，洞悉他强势风格背后的意图。只要做到让老板满意，让老板无刺可挑，那他再强势你也不必惧怕。

没有人喜欢过于强势的老板。老板若用权力和地位欺压员工，会让员工感到不平。强势老板会让员工产生被迫服从、被限制和控制的感觉。大家都讨厌甚至害怕强势的人。在工作中面对老板的过多管教，成熟的职员甚至会产生逆反心理。

针对强势老板的高标准、严要求，员工要在老板最看重的事情上，多做努力。既然强势老板有杀伤力，那员工就要学会化解攻势，降低受伤程度。当强势老板委派你任务时，你可以采用柔顺的语言攻势，降低老板的火力，将任务减少到你能接受的程度。当强势老板批评指责你时，为了避免被老板犀利的言语中伤，你就要争取把老板的注意力转移到其他事情上去，为自己解决问题赢得更多的有效时间，而不是纠结于错误的追责问题上。

面对强势老板，不管是处理方法还是思维方式，都要积极主动。老板强势的原因大多是对工作的要求较高，如果员工有敬业精神和专业的技术且经得起考验，那就拥有了与老板公平对话的实力。如果有一天，你在工作中比老板还努力，做起事来比老板更负责，那老板甚至会听你的调遣。

04

跟紧机智老板的脚步

领导的影响力无非来自两方面，一个是“权”，另一个是“威”。老板的权力是职位赋予的，威望却是由员工建立的。睿智型老板深谙职场关系法则，会让员工对他“又爱又怕”，在他的权力约束下，员工会发挥出潜能动力。遇到恩威并施的睿智型老板，一定要跟紧他的脚步，学习他的处事方法。睿智型老板犹如一本现场教科书，读懂了他就等于掌握了职场潜规则。

睿智型老板对待新人会及时肯定，不断进行鼓励。新员工初入职场，面对陌生环境可能会出现抵触情绪。为了让新员工更好地适应公司环境，睿智型老板会选择在员工进公司没多久，就告诉他们公司愿景，让员工对公司未来的发展充满希望。比如，老板会向员工透露公司下一步发展目标，如

将与世界一流企业合作，准备进一步扩大市场等等。

当公司内部发生矛盾时，睿智型老板不会立即介入。管理公司是一门艺术，睿智型老板在这方面充满灵活性，凡事会全面考虑。当下属发生争执时，在判断谁对谁错的问题上，即便事实明显，睿智型老板也不会选择在这个时候坚决赞同一方、打击另一方。因为在他看来，若员工争执的起因是工作，那不管孰对孰错，敢于提出想法的员工都是好员工。他认为，如果老板在矛盾爆发时匆忙站队，即便有理可依也不可避免地打击到一部分员工情绪。直接的评判对错会导致失败者在胜利者面前抬不起头，很可能因为这场争吵，对日后的工作产生心理障碍，甚至无法在公司立足。

睿智型老板不去主动掺和矛盾，在公司员工内部争论时会选择“难得糊涂”。难得糊涂不是不管不顾，若内部真出现问题，睿智型老板会在工作中通过加深合作消除误会。比如开展一些团结员工的集体性拓展训练，巧妙地安排发生矛盾的部门或者个人参与合作项目等，通过轻松的娱乐方式缓和矛盾，使员工的不满情绪消弭在整体团结的气氛下。

企业所有系统规划都是为了更好地管理员工，指引员工朝着目标前进。员工之间可能会因为业绩或者权力彼此竞争，作为睿智型老板，在这个时候就应顺势激励，正向引导这种积极向上的氛围。如选择适当的时机表扬业绩突出的员工，但绝不会公开批评业绩差的员工。

不同部门的员工都有各自的领导，所以对于具体细微的问题，老板不必逐一指出，只要树立好标杆，让员工心中明确目标即可。睿智型老板只需顺势提点，在无形中推波助澜，就可既不伤害业绩平平的员工情绪，又能达到奖励和鼓励优秀员工的双重目的。

有个关于睿智型老板的笑话：

有甲、乙、丙三人，得到了一颗价值不菲的钻石。为了保证三人利益平衡，在将钻石兑换成现金之前，三个人达成一项协议：钻石由三人共同保管；只有在三人共同同意的情况下，才能取走钻石。

某天，三个人去洗澡，决定将装有钻石的盒子交给浴室老板保管，并且一再嘱咐，必须三个人在场且共同同意时才能交出盒子。在洗澡时，丙准备向老板借梳子，询问甲、乙是否需要，两人都回答需要。于是丙走出去向老板要盒子。老板因为之前的约定，拒绝了丙的要求。丙向老板解释说，另外两人同意他来取回盒子，且同时大声询问甲、乙："是你们让我来取的吧？"甲、乙以为是借梳子的事，就一口答应说："是。"

老板听到二人同意，就把盒子交给了丙，丙接过盒子后立刻逃走了。等了半天，甲、乙二人见丙还没回来，顿觉事情不妙。他们立刻出来找老板要盒子，结果

发现盒子已经被丙取走了。

二人不肯罢休，抓住老板要求赔偿。老板说是在他们同意的情况下才把盒子交给丙的。可是甲、乙二人坚持说，当时他们同意让丙取的是梳子。

就在双方僵持不下的时候，老板突然说了一句话，让甲、乙只能无可奈何地垂头离去。他说："把丙找来，三个人在场，我就可以交出盒子。"

这是一则笑话，但是却反映出睿智型老板的敏锐机智和沉着冷静。睿智型老板能够准确分析局势，在有理有据的情况下把损失降到最低点，甚至还有可能反败为胜，为企业谋利。员工若有幸跟随这样的老板，在工作中应学习老板的处世之道，当危机出现时，要观察老板如何处理。要时常与睿智型老板进行交流，了解其思维模式，并运用到自身的工作中去。

完美老板小心伺候

其他公司的老板追求完美，员工总是不乏赞美之词，可当自己的老板不断追求完美、完美更完美时，下属就常常颇有微词了。须知，老板常说，对员工合理的要求是锻炼，不合理的要求则是磨炼，都不应拒绝。

遇到让人欢喜让人忧的完美型老板，员工不是在工作中一再忍受，就是在工作中突然爆发。如果员工深受完美型老板影响，在他的要求下也不断追求完美，那一旦机会来临他也成了企业的领导者，就会成为员工抱怨的“完美先生”。面对追求完美的老板，幸或不幸，都取决于员工怎么看。

陈可儿刚一入职，就发现老板极为追求完美。有

一次，客户希望尽早看到设计图案，老板就要求大家集体加班，务必第二天就让顾客看到满意的设计稿。直到凌晨三点，大家终于才完成了最后的样稿。陈可儿迫不及待地将打印好的样稿送到老板办公室，可是老板只看了一眼就严肃地指出：样稿不符合规定。陈可儿看了半天才发现，原来按要求应在样稿下角标明设计抬头，她这次忘加了。无奈之下，她只好重新修改后又打印了一遍。

当老板拿到重新打印好的样稿，翻到最后的时候皱起眉头："为什么没有落款、名字、公司地址和电话？"陈可儿小心翼翼地解释道："图纸会装在印有公司资料的档案袋里送到顾客手里，所以就没有在图纸末尾另作注明。"老板说："如果客户不小心把档案袋弄丢了怎么办？再者即便客户可以通过其他方式联系到公司，也没有直接在设计图纸上看到来的方便。我们公司必须给客户提供最方便、最省时、最完美的服务。"

听完老板的理由，陈可儿只好将图纸又改了一下，然后再次打印了一遍。在按下打印按钮之前，她认真细致地浏览了一遍图纸，在确认一切无误后，才放心地打印出来。第三次将打印稿交给老板时，老板发现其中增加了不少说明，他称赞陈可儿注意细节，表现不错。

就在半年后，陈可儿升职为老板助理。老板在批评

员工时喜欢拿陈可儿举例子，让大家多多学习她。其实陈可儿没什么专长，但是她善于观察，能够不断总结并及时改进工作。陈可儿深知老板是追求完美的上司，所以就在处理细节方面多下工夫，让完美老板无可挑剔。

生活中做人要懂得将心比心，工作中做事要学会换位思考，时常站在老板的立场上看问题。当老板要求员工尽善尽美时，不要一味地抱怨，想想老板事无巨细从严要求的目的。如果领导管理企业不够严格，员工就会不自觉地放松精神。员工松懈下来，企业效益也无法提升。只有将目标设定得高了，要求得多了、严了，员工才有动力不断努力，追求新的高度。这样一想，当你面对完美型老板时就会多一分理解和包容，心里的抵触情绪可能会有所减少。

完美老板需要小心伺候，与其在不停抱怨老板苛刻中浪费时间，不如化阻力为动力，激励自己做得更好。开始可能跟完美老板的标准有些距离，但是通过不断努力和严格要求，相信终有一天会让完美挑剔的老板满意。持之以恒地坚持下来，时间长了，你就会成为一个对自身要求严格、追求完美的员工。请相信，员工可能怪老板过于挑剔、追求完美，但是老板绝对不会责怪追求完美、提高标准的员工。

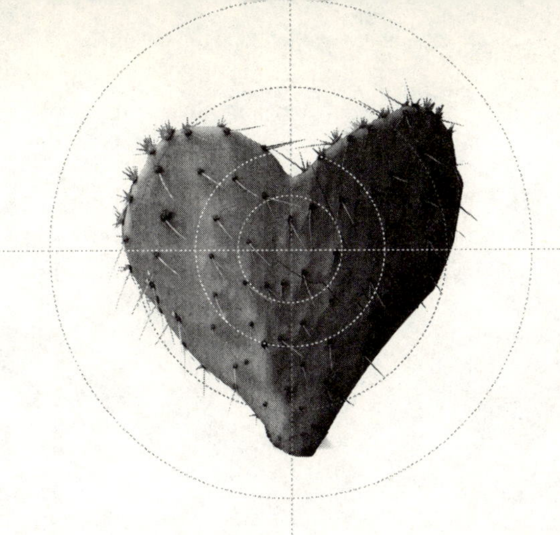

FIVE

第五章 做个好下属，赚个好老板

“老板让我做这么多工作，为什么只给我这点儿钱？”

“我只是一个打工仔，靠出卖自己的劳动跟老板做交换而已。”

“给多少薪水我就做多少事，其他的我可管不着。”

作为员工的你，是否也存在这样的想法？在许多人眼里，自己和老板只是单纯的雇佣关系，所以做多少工作，做得好坏都无所谓，只要不被责骂即可。员工到底在为谁工作？雇佣关系是否真的如此简单？否。老板和下级之间相辅相成，只有用积极的行动为公司创造价值，用积极的心态与老板相处，你才能有资格赚个好老板。

君子坦荡荡

一提到老实人，大家就会想到老实人爱吃亏。然而在职场中，做个正直、诚实、有才能的老实人，是成为好员工的首要要求。也许这样的老实人在职场的职位和薪酬一时并不如意，但他们的人格必将得到上司和同事的肯定，这种影响是永久性的。良好的声誉也会为其日后发展起到推波助澜的作用，有时甚至能在不费一兵一卒的情况下征服对手，赢得人心。从长远来看，只有坦荡如君子的老实人才能创造更多的财富，在职场和人生中屹立不倒。

一个肌体变质，总是从某个坏细胞开始。当某一细胞发生微不足道的小小变化时，很可能会慢慢传染到更大规模，最终让整个器官溃烂坏死。常说的“千里之堤，毁于蚁穴”也是这个道理。员工加入某个企业后，其自身的

发展命运就与公司紧紧地拴在了一起。员工之于企业，恰如细胞之于器官。集体的荣辱兴衰也影响着员工的成败得失。同样的，员工的一举一动也代表着企业形象。在外界看来，公司是一个整体，企业是由员工组成的，追根溯源，员工才是企业的名片。须记住你的言行举止都代表着整个企业的文化形象，所以成熟优秀的员工无论在日常工作中还是生活中，都会非常注意在任何细微之处维护集体的声誉。这也是对企业忠诚的一种体现。

优秀的员工在衣着、发型、谈吐等方面都会严格要求自己，即便是简单的接听一个客户的电话，也会用谦和温驯的语气，友好地解答客户的疑问。在处理与客户的矛盾时，也会微笑着心平气和地听取客户抱怨，化解其对本公司的不满。优秀的员工知道，也许一次不经意的冷淡就会失去一个潜在客户；一时的鲁莽冲动就可能造成企业危机。越是在处理小事上，越能展现出优秀员工的素质与水平。

Jason的一位朋友因为不满意公司老总的处事风范，在挣扎过一段时间后选择了辞职。没料到市场不景气，失业半年后他也没有找到满意的工作。Jason问朋友离开原来的公司是否后悔，朋友毫不犹豫地说不，并说如果时间倒流，他依然坚持自己的选择。他对Jason说："与其在缺乏正义的公司里为奸诈的老板工作，我宁愿呆在

家里。”

起初Jason觉得朋友过于死板了，有些太实在。公司缺少正义又不是他一个人的事，别的同事可以视而不见，为什么他要选择辞职呢？况且就是准备辞职，也应该委曲求全一段时间，在找好下家之后再提出辞职，这样就不至于落到现在半年没有工作的地步。过于正直的员工在现代企业中不太爱欢迎，朋友如此坚持自己对正义的要求，是不有点钻牛角尖了？Jason一直想找机会规劝一下朋友，打工就打工，不要太过完美主义，将企业理想化。

Jason再次接到朋友电话时，是他应聘成功以后。现在朋友在一家高级餐厅工作，从电话中听上去，朋友对现在工作非常满意，老板正直、充满良知，注重食品安全。Jason原本要奉劝朋友的话也就没说出口。他认为，既然朋友找到了自己认同的企业，且这个企业符合自己的职场理念，那就开心地工作好了。

一天，Jason听说朋友被评为这个季度的优秀员工，想来他的为人和处事作风得到了新老板的认可，不禁为朋友暗自高兴。这天正巧路过朋友工作的餐厅，Jason就顺便进去探望他一下。刚刚和朋友打过招呼，店内就有一名顾客突然倒地，抱着肚子不停喊疼，并很快开始全身抽搐，且面色青紫，口吐白沫。餐厅内用餐的顾客顿时乱作一团。看到这样的场面，Jason也吓了一跳。有顾

客怀疑是食物中毒，甚至拿起电话通知了媒体。

朋友在关键时刻镇定自若，一边通知同事拨打急救电话，一边走到倒地顾客的身边，询问他此时的状况，看他神智是否清醒。同时他还向其他顾客保证，不会是食物中毒，因为公司对食物安全的把关十分严格，绝对不会出现中毒事件。很多顾客将信将疑，但仍有顾客把食物推得远远的，还有人试图把吃进去的食物吐出来。朋友见状，立刻起身端起餐盘，大口大口地吃了起来，一边吃还一边声明食物绝对没有问题。

其他顾客看到朋友的举动稍稍安心，转身想离开餐厅。朋友请求大家等到急救车到了以后再走，由医生检查确认是哪个环节出现了问题。就在朋友的安抚声中，救护车赶到了，医生在对倒地顾客进行检查后，确认是顾客患有癫痫病，并不是食物中毒。他倒地抽搐，只是凑巧在吃饭时癫痫病发作罢了，大家可以放心。顾客听完医生的判断放下心来，情绪也逐渐稳定下来。这时媒体也赶到了餐厅，朋友将事情的经过解释清楚，并且强调了公司对食品质量的严格监督和完善的卫生措施。在场的顾客也对媒体证明，工作人员已亲自试菜，食品确实安全。这样，一场危机被朋友化解，到来的媒体在报道中还为餐厅做了宣传，坏事变成了好事。

之前朋友的所作所为，充分表明了他对公司的充分

信任。在没有得出结论之前，他就敢于当面尝菜以证餐厅清白。在那种情况下，如果他对本公司的产品持有一点点怀疑态度，那么流言蜚语就很有可能给公司造成不可挽回的负面影响。作为餐饮公司，一旦食品安全方面遭到公众质疑，那对企业生存和发展来说将是致命的打击。顾客对公司失去信任后，就很难重新树立公司形象。

很快，老板就将朋友升为这家餐厅的大堂经理。朋友的所作所为还带动了整家公司的风气为之改变。员工对餐厅的食品安全更加有信心，且能自觉地严格要求自己，确保不在任何环节上出现纰漏。餐厅在当地的效益越来越好，Jason听朋友说，下个月公司将扩大规模，在城东建立连锁店，朋友被委派担任连锁店的总经理，负责整个餐厅的管理工作。

朋友的不断晋升，让Jason感触良多。就在几个月前，他曾想劝说朋友改变理念，在职场中圆滑地处事，不要过于正直、负责任。可现在看来，朋友的坚持是正确的。

正直坦荡的员工，终有一天会换来同样是君子的老板的赏识。一个员工正气十足，也会带动周围的同事，形成良好品德的蝴蝶效应。这样的企业会获得更多的客户追捧，为企业发展赢得良好的口碑。

02

偷懒的员工是大智若愚还是大愚若智

每家企业都存在一部分偷懒的员工。在应对员工偷懒的问题上，许多管理者都采取过多种办法，但是仍然不能彻底解决。是何种原因驱使员工乐于偷懒却不喜欢工作呢？严格的管理制度，不断加强的惩罚制度，却依然无法根绝员工的懒散情绪。甚至高压和管制会让员工对待工作更加消极，偷奸耍滑的情绪不断蔓延，严重者可能波及整个公司的团队气氛，对公司发展产生不利影响。

那么，导致员工偷懒、效率低下的原因有哪些呢？

第一，不会做

当员工对公司委派的任务无所适从，不知从何下手时，工作也就没法展开。不会干很可能是因为员工本身能力有

限，不能胜任被分配的工作。比如后勤主管要求清洁工李阿姨针对清洁用品开销做一个报表，做好以后交上来。李阿姨文化程度不高，二十多年以来一直从事普通体力工作，对于如何制作消费报表一无所知，按她的水平，最多只能勉强写明用品的支出和消耗情况，根本没法出具分析报告。所以，制作报表这样的工作对于其他员工来说可能是轻而易举的事，但是对于李阿姨这种欠缺经验同时文化素质有限的员工来说，想让领导满意无疑很难。

作为员工，如果遇到无法完成的任务，也不要以此为借口偷懒。而是要让管理者明确，自己的能力有限，工作任务对自己来说难度太大，所以请求帮助。偷懒逃避不是好方法，无论躲到何时，最终还是要面对领导，时间拖很越久，对工作的影响也就会越大。同时，若明确自己能力有欠缺，应该在平时积极主动地虚心向有能力的同事多学习，让同事帮助自己弥补弱势，提高自己的整体素质和能力。

而作为管理者需要做的，则是必须知人善用，了解员工的能力，判断其是否具有完成任务的可能性。比如李阿姨擅长打扫卫生，那就要发挥她的特长，让她为公司创造一个良好整洁的工作环境，而不是逼着她去做什么书面报告。

第二，不敢做

即员工对接手的工作心存疑虑，担心在某些环节上出现问题，自己的能力不足以应付，一旦出现状况无法承担责任，所以开始消极懈怠，不主动开展工作。

D城市发展迅速，政府准备在商业街建设一条地下通道，以舒缓交通压力。简明所在的公司有幸承接了此项工程。

公司决定由简明负责前期工程，挖通主干道的两头，达到规定深度后，再由其他两组同时进行挖掘，直到打通。

这条商业街是后发展起来的，以前这里是普通的居民区，所以简明不敢确定主干道地下是否存在供水管或者其他管路。他很担心，如果贸然动工，破坏了地下原有的管道，会对居民生活造成影响，同时也会耽误工程进度。若这样的事情真的发生了，其中的责任由谁来负责？简明很是担忧。

作为员工，如果遇到这样的问题就选择逃避，那么就会失去锻炼自己的机会，久而久之，老板也会对你失去信心，认为你是个胆小怕事、碌碌无为的员工，不再对你委以重任。长此下去，你甚至可能被边缘化，甚至辞退。

所以，一旦在工作中遇到不能决断的难题就要大胆直言，同老板说明情况并请求帮助。比如故事中的简明，可在动工之前到相关部门对地下管道问题进行核实和细致的排查，确认地下没有管道时再开展工作。如果确定地下有管道，就要通过公司高层跟政府协商，是选择更改地下通道入口还是更改管道路线等。

作为管理者，为了避免员工因不敢做而耽误工作，可首先在委派任务时帮助员工树立信心；其次明确职位权责，让员工清楚自己的职务及可以行使的权利和需要承担的责任，使其正确地扮演好自己的角色。

第三，不愿做

不愿做也是员工偷懒耍滑的重要原因。员工不愿意做的原因有很多，即使在熟悉擅长的领域，也可能因为薪酬、合作伙伴不配合等因素不愿意去做事。这种因情绪而选择偷懒的情况，多是由于对企业、领导或者公司的某些方面出现不满情绪，所以即便能做他们也会不愿意去做。

唐米和伊尔是对搭档，同为家具公司的设计人员，平时工作起来不分彼此。但是最近两人却有些疏远，即使嘴上没说，行动上也不如从前那么默契了。

原来，在上个月，公司分别让二人各自完成一项

工作。伊尔负责监督一批家具的生产。这批家具是专门为一次展览特别设计的，完成后要参加月末的大型展览会。大家都知道这是一次肥差，因为这批家具的款式设计是公司专门聘请国外顶尖设计师绘制的，只要工厂按图纸生产，一般不会出现什么问题。况且参与展览这样的事，获奖自然是让人欣喜的事，即使一无所获也会赢得一部分订单，所以伊尔无论如何，做这项工作都会是大功一件。

而唐米就没那么幸运，他要负责把最新的饰品设计送到远在上海的客户手里。大家都知道上海经济发展迅速，人的品位和眼光据说也十分挑剔。唐米还听说这位客户非常难相处，之前有好几家公司的设计都被PASS了，唐米送去的方案也是经过公司精英再三修改的。

无奈之下，唐米动身去了上海。繁华的城市并没有让他放松下来，客户正如传言所说，看到修改的设计图后仍然有诸多不满，好像任何设计都难以符合他的审美标准似的。

被挑剔客户折磨近半个月之久，唐米才身心疲惫地回到了公司。此时大家正在为伊尔庆功，因为他带领参展的作品获得了金奖，不仅收获了海量订单，还为公司打响了名号。唐米心想，如果让我负责参展，现在受到庆贺的就是我了。

就在这件事情发生后，唐米和伊尔之间产生了隔膜，公司要求唐米设计什么，唐米都会找各种理由推脱。因为他只要回头看看之前的事，就不愿意再接手任务了。

作为员工来说，因为对公司某些方面不满而产生消极滞怠的心理时，不能借机寻找理由逃避工作。放弃在自己擅长领域的努力也就是关上了进步的大门，像唐米这样拒绝公司安排的工作，无论出于何种原因，都会引起老板的不满。即便你再有才华和能力，不为公司工作的员工也是不被待见的。员工要学会自我疏导，产生负面情绪时要及时排解，肯定自我，树立信心，选择在日后工作中展现自己的才华和能力，而不是抱怨之前的待遇不公平。

作为管理者，要及时与员工沟通，在交流的过程中了解员工出现不满情绪的原因，并在日后的工作中尽量避免。同时还需要及时鼓励失败的员工，因为若只是一味地奖励成功者，会冷落失败者，让员工产生消极的想法。

第四，不能做

有时候领导可能在利益的驱使下让员工去做一些出格、有违规定的事情，员工在意识到“越级”、“踩线”时就会拒绝老板，因为这样的事情是万万不能做的。

小娴和老公是大学同班同学，毕业后分别被两家公司录取了。虽然在不同的公司，但是他们从事相同的行业，回到家时两人偶尔也会交流一下，关心对方的工作情况。

不过这次情况比较特殊，在最新化妆品的研发竞标中，两家公司成为了对手。小娴和老公都负责新品研发报告，因为涉及到商业机密问题，所以两人回到家里绝口不提公司的事。可是小娴的上司几次暗示她打探老公公司的创意，小娴虽然很反感，但是碍于面子也没有公开拒绝。就在昨天，小娴的上司居然直言不讳地对小娴说，希望她能拿到老公的设计方案，还解释说，公司没有盗取对方设计方案的意图，只是为了避免创意重合、两败俱伤才这么做。小娴当下就非常严肃地对老板说做不到，并且郑重其事地告知老板，这样的行为触犯了法律，是盗取商业机密，她非常不赞同。老板看小娴态度如此坚决，只好作罢。

员工遭遇老板的过分要求，一定要坚定立场予以回绝，不能因为老板的压力和威胁，就触犯法律法规。这种现象在企业中可能时常出现，比如企业为了节约成本，要求员工更换原材料或者违规使用添加剂等等。员工不能为

了迎合老板就顺从指令，任何员工都不能触及法律的红线。此时员工选择不执行老板分配的任务不是偷奸耍滑、偷懒，而是大智若愚的表现。同时作为员工还要提醒老板，违法行为不仅员工不能干，老板更不能干，否则会因为一时的利益断送企业的长久之路。

第五，做不了

有些任务即使员工了解程序，同时技术熟练，但是超出个人能力范围，根本无法完成，所以不去干。在无法获得外界帮助的情况下，员工不接这样的任务，不是偷懒不做，而是做不了，所以情有可原。

江华是搬运公司的司机，平时接活都是三个人一组，司机一人，搬运工两人。工作流程很简单，分工明确各尽其责，所以一直干得很顺利。

今天是江华和另外两个搬运工一组。已经到了下午，看样子应该没有什么工作了，两个搬运工着急去车站接人，就请假提前回去了。可是没有想到的是，江华突然接到老板电话，说是开发区的一个小工厂搬迁，要江华负责搬运。

搬运工不在的情况下，江华要负责接货、开车、送货，几乎无法完成，无奈老板不听解释就挂了电话。江

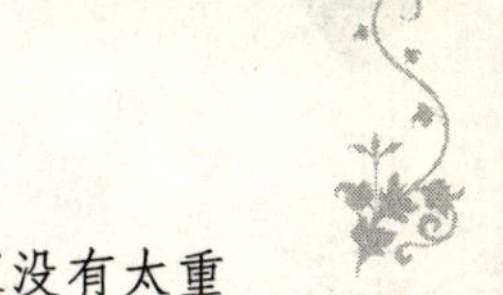

华只好开车前往开发区，心里祈祷小工厂搬家没有太重的东西。

结果到了开发区江华傻眼了，原来这是一家玻璃钢厂，不要说打好包的玻璃本就过重，就是再轻的玻璃，由于面积过大，江华一个人也根本搬不了。万一损坏，还要赔偿，所以江华拒绝了这次活计。

出现员工以“做不了”为理由，从而拒绝干活时，管理者就要积极协调企业内部和外界的关系，合理分析局势，准确判断员工能力，是否真的“做不了”。若强迫员工去做超出其个人能力的工作，对员工造成不必要伤害的同时，也会影响公司在客户心中的形象。

“偷懒”这事做得好就是“大智若愚”，做得不好就是“大愚若智”。员工判断什么时候需要“偷懒”，什么时候必须勤快，要看时机和实际情况。如果遇到“不能做”和“做不了”的事就不要强出头，适时地“偷懒”才能更好地开展工作。遇到“不会做”和“不敢做”的事情就要及时跟领导沟通，说明不会和不敢的原因，在老板的协调下完成工作。至于遇到“不愿做”的事情，就要自我开导，找到影响自己情绪的因素并加以化解，不要为此影响工作进度。

03

称兄道弟分老板

公司来了一名新成员，30岁，大家叫他小郭。甚至比他年纪小的同事也跟着这么叫，他也不介意，笑呵呵地答应着。小郭是南开大学毕业的硕士，学历之高在公司数一数二，老板在面对他时都显得有点底气不足。

开始时小郭话不多，安排什么任务他都埋头苦干认真工作。时间久了，大家熟悉了，小郭的话就多起来，但他对同事们依然很尊敬。部门经理赵旭才比他大十岁，小郭却毕恭毕敬地叫他叔叔。

有一次公司加班，忙完之后已经接近凌晨，大家都嚷着肚子饿，于是决定去吃宵夜。由于大家比较兴奋，所以有人提议喝两杯。几杯酒进肚以后，气氛逐渐活跃起

来。每次赵旭跟小郭碰杯时，他都诚惶诚恐地一饮而尽，左一句叔叔右一句不敢当，弄得赵旭不知道说什么好。

老员工看小郭一直没放松，就劝他别太紧张，说赵经理人很和善，不会挑理的。赵旭也说以后就叫大哥吧，别一口一个叔叔了。小郭一时放不开，但到最后的时候，他明显有些喝多了，话也多起来了。当有人问他名牌学校硕士为什么跑到这儿工作时，小郭眼泪居然跟着就下来了。

原来小郭来自山西一个穷山沟，是村子里唯一的大学生，乡里乡亲都以小郭为荣，觉得学业有成的小郭一定大有前途。小郭导师的一个学生是地方领导，在他的推荐下，小郭去了上海，进入了政府机关。小郭文化程度绝对没问题，工作也勤恳努力，很快就得到了领导的赏识，被提升为科员，加入到了领导干部的行列。没有背景的小郭迅速上位全靠自己的工作表现，所以大家对他未来的前景很是看好。

小郭的主管领导碰巧也是山西人，虽然离小郭的家乡比较远，但在繁华的大都市上海，碰到同省老乡也备感亲热。领导对小郭格外关照，节假日小郭自己一个人，领导就会邀请小郭到自己家去吃饭，让小郭回味一下山西特色。领导年纪与小郭相仿，私下总是亲切地称小郭为兄弟，让他不要拘谨，把这里当成自己的家，有

困难就跟他说一声。人生地不熟的上海，遇到这么一个热情的老乡，还是自己的直属上司，小郭深受感动。此后他见到领导就一口一个哥，叫得特别亲热。

有时候在饭局上，领导还会对其他人说："这是我兄弟。"大家明白领导话里的意思，纷纷向小郭敬酒。小郭在短短的三年内连升两级，机关其他年轻人羡慕得眼都红了。憨厚的小郭把上司当成自己的亲哥哥，生活或者工作上遇到困难都去找领导。领导虽然帮了小郭不少忙，但是明显减少了带小郭出席饭局的次数，粗心的小郭也没有察觉到异样。

后来有一次，上级下来检查工作。在例行宴会上，小郭对领导依然一口一个哥。听到领导称呼上级"冯哥"，小郭心想，我哥叫哥我也该叫哥，于是毫不避讳地向上级敬酒，还一口一个冯哥地叫着，搞得领导下不来台，他还傻傻地不觉得。

渐渐地小郭也不知道为什么，自己如日中天的仕途就遇阻了。再后来上司升迁，同事都以为他会把小郭一起带走，谁也没想到上司却带走了平时和他不算亲近的小李。跟上司称兄道弟的小郭糊涂了，但也没深想。紧接着，他在几次升职竞聘中落选，原来的兄弟也不再和他联系。在那段时间里，小郭经常喝得大醉，在陌生的城市里，他感受到了前所未有的孤独……

员工和老板称兄道弟，一定把握好时机。与老板相处融洽确实可以在工作上谋求一些便捷条件，但掌握不好尺度，不知天高地厚，很可能得罪了老板还浑然不知。

三种类型老板，可以在与之“称兄道弟”时分别采取不同的策略。

第一种，吸金型

这类老板以赚钱为本，无论企业规模多大，这类老板都是眼里只有利益的商人。在其手下谋事，一定要明确自己只是一个打工者。不管是小职员还是经理乃至董事，在吸金型老板眼里都是赚钱的工具。你的表现一旦偏离了为他谋利的轨道，他都会将你踢出局。对于这种老板，只有在酒桌上才能跟他称兄道弟，不要把酒桌上的醉话带回到工作中去。将醉话当真话听信了，只能落到故事中“小郭”的下场。

第二种，享受型

这类老板一般是一夜暴富或者接管了上辈财产，不是白手起家也不是从底层打拼起来的，所以生活重心是如何享受生活。为这类老板打工，凡事不能太认真，过分较真的员工对这类老板来说就“不好玩了”。在这类老板面前不要过分

看重自己，认为自己才华横溢、满腹经纶的员工，会让老板感到威胁。当员工认为公司离不开自己，没有了自己公司将无法进行时，就与老板的欢心渐行渐远了。

享乐型老板不喜欢紧张的气氛，不喜欢非你不可的抉择。与这种类型的老板称兄道弟不是长久之事，当他对你产生好奇、充满兴趣的时候，会主动接近你，以兄弟相称；一旦新鲜感没有了，你对他来说就只成了众多员工中最普通的一个。这时员工要有超强的适应能力，接受关系上的改变，如果过分要求享受型老板遵守约定把你当兄弟，那你就只能做兄弟，不能做下属了。

第三种，事业型

这种老板对员工的要求首先就是具备做人做事的双重能力。事业型老板需要员工在事业上给予他绝对的支持和帮助，如果员工能力不足，对企业的发展促进不大，那事业型老板不要说和他称兄道弟了，连能不能做基本员工都值得商榷。

想要和同事业型老板称兄道弟，首先要在某一方面有过人之处或者具备公司需要的技术才能。事业型老板看重员工的创造力，能够创造多少价值才他所关心的，这些价值不单指经济利益，还包括影响力度、技术革新等。事业型老板可能只把你当成一枚棋子，跟你称兄道弟时正是你在整个棋局中起到决定性作用时，想维持这样关系，你就要保持在企业中的关键地位。如果没有信心始终如一地成为企业焦点，就不要轻易跟事业型老板称兄道弟。

员工在职场中寻找正确的发展方向，跟随老板为事业奋斗，在与老板相处过程中，不可避免地会遇到需要“称兄道弟”的场合。但要时刻铭记，这只是职场交际中的一种手段，不要投入过多的私人情感。做个为老板谋利的好员工，要比做老板的好兄弟，更能体现你的价值。

04

小心驶得万年船，功高盖主易出局

唐纳德管理的团队一直是QK公司业绩最为突出的部门，照此速度发展下去，不久的将来，唐纳德就会坐上公司的第二把交椅。不过世事难料，总公司在做年度规划时，居然空降了一位执行副总裁到QK公司。另有消息称，副总裁将对QK公司进行大规模的结构调整，重新组合企业模式；唐纳德的团队将被分成两组，分别负责客户开发和后期维护。更令人意外的是，唐纳德在重组后遭遇降级，从之前的部门经理，变成了维护组组长。

唐纳德为公司的业绩辛苦了这么久，立下了汗马功劳，不但没有加官晋爵，反而被削职夺权。到底为何如此？员工弄不清状况，唐纳德自己也是一头雾水。

在唐纳德意气风发拼业绩的过程中，为人处事上有些得意忘形。随着业绩上升，唐纳德渐显对薪酬方面的不满，曾直言不讳要求工资与总裁、总监拉近。更有甚者，唐纳德在没有得到公司首肯的情况下，私自给自己部门的员工加薪，利用公司资源公然拉拢员工。还把员工分为三六九等，对投靠自己的员工不是升迁就是加薪，而对不向他表示顺从的员工则极力打压。如此明显的培养个人实力的行为，让公司十分不满。

唐纳德的一系列行为，就是典型的“功高盖主”。这里的“功高盖主”不单指功劳大，也指越过本职权力私自行动，触碰职场禁忌，所以落得降职降薪削权的下场也就不为过了。职场中因为功高盖主，在最巅峰的时刻瞬间消逝，跌落到谷底的人不在少数。

张谦同样因为功高盖主，遭遇了职场“滑铁卢”，从地区执行总裁到被公司裁员。

张谦1992年进入帝林房地产公司时，还是个小小的推销员。当时，发展中的中国房地产事业突飞猛进，一度刚一开盘，就全部售空。可是在2004年，国家针对房地产开发和交易做了重大改革和调整，这对行业产生了不小影响。很对，帝林公司在严格的调控下濒临破产。

就在危急时刻，张谦不断创新，引导公司更改设计

风格、改变销售群体，经过不停的改革和尝试，公司终于找到了正确的发展方向，走出了危机。张谦自此犹如一匹黑马，冲进了老板的视野。

经过张谦大刀阔斧的换血式改革，公司开发的楼盘成为购买者追捧的对象。公司名气越来越大，房价虽持续上调，销量却越来越好。张谦越来越受到同行老板的关注，甚至电视台和杂志都在谈论这个英雄般的传奇人物。张谦在当地的房地产业红极一时，而帝林公司的老板则似乎被人遗忘了。

之后的五年，张谦更加完美地展示了自己在房地产事业方面的潜能，公司在他的领导下更加壮大。2008年，张谦被任命为总公司经理。

自从升任为总公司经理以后，张谦越发飞扬跋扈，自我膨胀到了眼里没有老板的地步。他坚信自己是房地产业的神话，还会不断地创造传奇，觉得是他让曾经萧条的企业重新崛起，公司现在的成就都是他带来的。

一次商务聚会中，不明情况的主持人邀请帝林公司的代表讲话时，直接请张谦上台。张谦更是当仁不让地在台上侃侃而谈，仿佛帝林公司是他的产业，俨然一副一把手的姿态。这惹火了台下的老板。虽然老板没有当面指责，但是从那时起就开始筹划裁掉功高盖主的张谦。最终，张谦从房地产行业销声匿迹了。

作为下属如果能力过强，有意无意培养自己势力，就会引起老板的不满。不懂得收敛嚣张气焰，一直高调行事，就会从宠臣变成老板的眼中钉。时间久了，老板就会想方设法拔掉这颗眼中钉，不让自己继续受制于人。不懂低调的员工会将自己推到危机边缘仍不自知，最终只能落得由虎到犬、无力翻身的地步。

老板眼中的理想下属首先应该忠诚。也许能力有限，但忠厚且勤奋刻苦的员工，无论处在什么职位都让老板安心。还有一种员工在老板眼中是狼，爆发力强、自身素质过硬、能够冲锋陷阵，是解决问题、处理危机的能手。但是狼型员工一般不守规矩，骄傲自大，当野性膨胀时，还可能反噬老板，危害老板的地位和利益。对于这样的员工，老板就不得不防，一旦可能出现对自己的不利的局面，老板就会勒紧缰绳，将这类员工拴住。如果狼型员工不作改变，继续目中无人、我行我素，老板就可能采取弃车保帅的策略，宁可失去一个人才也不容许他对自己不利。

所以，越有才华的员工越要谨慎，小心驶得万年船。

首先要端正工作态度

明确上下级关系，无论你如何才华横溢，无论老板多么平庸无能，你也是员工，他也是老板。尊重老板是维系这

种关系最好的方法。多发现老板的优点，学会欣赏老板的才能。当你从内心轻视老板，认为老板不如你的时候，你的行为、言语甚至一个眼神都会出卖你内心的想法。所以不要做一套想一套，否则吃亏的只能是自己。

其次，低调做人，高调做事

如果换成你是老板，看到员工气焰高过你，在你的头上作威作福，你可能一时忍气吞声，但绝不会长期接受这样的事实。在工作上，可以雷厉风行、标新立异，但是与老板相处时，不知道收敛的员工很难受到老板重视。要学会“见风使舵”，既有冲锋陷阵的勇猛，也有忠诚细心的温厚。

凡事物极必反，在职场中风头过盛、功高盖主的时候，要懂得向后退。一味地前进，当事态发展到不可挽回的地步时，就会成为众矢之的。保护好自己也是有能力的体现，在企业中一朝成名，一时备受爱戴和重视并不算成功，在职场中稳步前行、屹立不倒的，才是最优秀的员工。

会说外语有什么了不起

“会说英语有什么了不起……”邢娜每次听到舒敏说英语就气不打一处来。

邢娜和舒敏是小学同学，后来邢娜上了中专，稀里糊涂地毕业了。学校按照约定，给她推荐了两次工作，但邢娜觉得都不理想。邢娜长得眉清目秀，很是漂亮，所以她的心气高，觉得自己有形象优势，早晚能找到更好的工作。

拒绝学校推荐的工作后，邢娜背上行囊南下，来到了深圳。跟家乡比起来，深圳不仅消费高而且生活节奏快，美女也多，刑娜引以为傲的外貌，在深圳这个城里市也算不得上乘了。巨大的压力逼得邢娜喘不过气来。

机缘巧合，这天邢娜在商场做兼职促销员，正巧碰上自己的小学同学舒敏。一晃多年没见，邢娜端详着舒敏，还是和以前一样很胖，其貌不扬。俩人亲热地聊起天来。舒敏现在在一家进出口贸易公司工作，听说邢娜刚来深圳不久，一直没有固定的落脚处，就邀请邢娜搬过来跟自己一起住。邢娜也觉得可行，当天下午就提着行囊来到舒敏的公寓。

不同于邢娜租住的民房，舒敏的公寓在设施齐全的高档小区。站在门口，邢娜心里盘算不知道要付多少房租，想到自己现在还没有固定收入，有些犹豫不决。

舒敏看出邢娜的为难，一把把她拉进屋，一边拿东西一边说："对面房间正好空着，你就住在这里，有什么需要就告诉我，千万不要客气。我有时候工作会比较忙，很少在家里吃饭。你就安心住在这里，找工作的事不着急，房租也不要担心，一切有我呢。"舒敏一席话让邢娜感动不已。

晚上躺在床上，邢娜心想，虽然舒敏不跟她计较房费，可是自己就这样白住心里也不舒服，只有尽快找到一份工作，等到有钱了再好好补偿一下舒敏。

第二天一大早，邢娜就出门了。看着招聘中心五花八门的招聘广告，再看看对学历和外语要求，邢娜不得不一次次主动放弃了。

辗转一个月后，邢娜在一家综合超市找到了一份收银员的工作。为了多挣些钱，邢娜在下班后还要到快餐店打工，每天回到家里都觉得筋疲力尽，倒到头就睡。好几次，恍惚间，她听到舒敏房中传来说话声，好像是在说英语。至于内容邢娜一句也听不懂，只知道舒敏好像在跟国外客户谈业务。有时候舒敏习惯性地用英文跟邢娜说话，每次都搞得邢娜一头雾水，然后舒敏恍然大悟地想起邢娜不会英语，尴尬地笑着说sorry。

邢娜心想会说英语有什么了不起，我虽然不会外语，但是只有勤快肯干，一样能在深圳过得不错。

在发工资的第二天，邢娜就找到舒敏主动要求交房租。舒敏看邢娜如此认真，就拿出租房合同。邢娜一看就傻眼了，这么一套房子租下来要四千多块，如果她跟舒敏平分就是一人两千多，她根本付不起。舒敏见邢娜脸色为难，立即说你刚来不容易，付一千就可以，其他的我来承担。舒敏的好意在邢娜看来无疑是最大的讽刺。一起长大的朋友却有如此大的差距，自己居然要依赖曾经整天跟在自己屁股后面的家伙，邢娜心里很不是滋味。

年底春节快要到了，舒敏问邢娜什么时候回老家过年。春运不好买票，舒敏公司可以为员工预定机票，

所以她问邢娜要不要给她也带上一张。邢娜想想自己连坐火车的钱都是好不容易才攒下的，舒敏却轻轻松松地就要坐飞机，压抑许久的怒火终于爆发了。邢娜疯狂地指责舒敏瞧不起自己，总在自己面前炫耀她的工作和成就，仗着会说英语就以为比别人强，她再也忍受不了舒敏给自己的压力了。舒敏听完邢娜的抱怨，转身关上房门让邢娜冷静冷静，说她晚上再回来。

后来，舒敏帮邢娜报了一个英语学习班，并与之进行了长谈，让她明白了技能的重要性。邢娜也明白了舒敏的苦心，努力学习英语，终于在工作和生活上有了一定起色。

时代不断变化，高速发展的经济形势下，职场对求职者的要求也越来越高。如果求职者不能主动提升自身技能，只靠一味地埋头努力，很难获得竞争优势。每个员工都要具备一技之长，增加自己在企业中的价值。如果你的工作任何人都可以做，那么你对公司而言就可以被任何人取代，这样，你既得不到老板重视，也不可能有长远的发展。

技术是员工打造自身品牌的保证，一技之长需要不断地巩固和提升，要看准市场及时为自己的技能进行更新。比如一个普通的车辆维修人员，可能原本专业技术不错，但随着科技的不断发展，车辆也在推陈出新，如果不了解现代先进的电路和生产技术，不了解车辆产生故障的原因，那工作也就没法长久做下去。另外技术不光要专，还要博，与自己本职工作相关的技能都需要尽量掌握。技多不压身，技术越精、越熟、越广，发展空间就越大。

06

知道装傻给老板台阶下

再聪明的老板也有一时糊涂的时候，不要因为一时比老板看得远点就洋洋得意。拥有雄心壮志的员工，即使在能力或者其他方面超越了老板，也不要自命不凡、妄自尊大。树大招风，越是工作做得好时越要低调谦虚，尤其不能顶撞老板，顶撞老板的员工几乎是在“自杀”。

莽撞无理的人走到哪里都不受欢迎。

公司年终表彰大会上，老板上台讲话。提到业绩增长时，他表扬某部门的业绩从去年的5%增长到今年的11%，提高了5%。老板话音刚落，台下就有一位员工高声纠正：“算错了，算错了，是增加了6%。”听到这位员工的话，全场一片哗然，老板在台上更是羞得面红耳赤，本来气氛愉悦的表彰大会瞬间冷场。老板匆匆结束讲话，庆祝还没开始就提前离席了。就因为该员工的一句话，让大家喜悦的气氛一扫而空。

给老板提意见要注意场合，公开场合别直接建议

人都爱面子，在众多员工或者合作伙伴面前，即便老板出现错误也要给他台阶下，不能当面破坏老板的威严。老板形象受损也是公司的一种损失，员工需要维护好老板的威信。想要纠正老板意见，必须在保证不伤及老板颜面的情况下，这样老板才会欣然接受。如果不注意场合公然给老板纠错，即使指责正确，也很难让老板接受，还会给老板留下坏印象。

有一个人应聘到到一家贸易公司工作。这个人很上进，专业技能也很强，工作努力又不怕辛苦，可进公司几年都得不到提升。跟他一起进公司的人已经有的做了主管，有的做了经理，可他仍然在底线做着基层员工。很多职场老手深谙其中缘由，可他却浑然不知。

有一次公司老总下车间检查工作，主管看这个人一直表现不错，就让他一起陪同。在车间察看了一圈，老总问大家发现什么问题没有，主管简单地提了点建议。就在这时，这人主动站出来，对老总说："我发现几个

问题，第一是车间生产流程有问题，如果改革压缩技术，生产速度会立刻提升。”老总看他说得不错，示意他继续。“第二，车间管理太混乱，可能是公司要求不严或者领导者能力不够导致的。”谁知这个意见一提，老总和主管的脸色都很难看。

给老板提意见要注意尺度，不要直击老板要害

做事不留余地，不考虑提的意见是否在老板可接受的范围内，贸然向老板提意见，一竿子捅到底，很可能伤到了老板还自以为是大功一件。老板征求员工意见时，员工必须明确自己的角色。

老板是企业的管理者，是公司的发言人，让员工提意见不代表让你知无不言、言无不尽。员工的本职工作是少说话多做事，若对自己言词产生的后果估计不清，就不要轻易开口，以免祸从口出。

与上司相处的艺术，第一条就是懂得尊重老板。老板作为公司的领头人，代表着权力和威信。不顾及老板的权威，不给老板面子的员工，无论能力如何都是没什么发展前途的。当老板讲话时，不要埋头忙自己的事，要专心聆听，时不时地与老板进行眼神交流，让老板清楚你对他讲话的重视。当老板发表意见和看法时，要适当地点头肯定，以示赞同老板的看法。在老板提出疑问或者讲话结束时，要根据老板讲话的内容，及时概括，或提炼出几个问题，以凸显你的积极性和业务水平。若老板在讲话中出现错误，不要立刻指出。如果对工作影响不大，可以选择不去改正；如果老板在重要数据上出现错误时，可以私下找老板核对。

列举几个下属正确纠正老板错误的方法：

一、暗示法

当老板出现错误时，不要急于改正老板的言论，而要在核实后，以暗示的方式纠正老板的错误。比如老板要求在一天内完成一周的任务，几乎不可能，那么老板为什么会如此冒进？就要找到原因。或许是因为客户要求，或许是老板考虑不周。此时员工需要找老板商量工作的进度，暗示老板现在的任务需要一周时间才能完成，如果公司急需，可以让员工加班，但是在一天之内完成依然是非常困难的。老板看到你准确的数据分析，明确员工确实对任务难以负荷，自然会主动更改命令了。

二、提醒法

老板的有些指令可能是不恰当的，并不是老板有意为之，可能是因为其专业水平不够而造成的判断失误。这时员工需要提醒老板，执行他的命令可能会产生的后果和最终的影响。比如老板急需一笔资金，直接找到财务总监要求从公

司账面上划走一部分现金，而根据财务规定，这是不合理的。财务总监这时就需要向老板说明原因，拒绝老板的命令时态度尽量谦卑，语气委婉和善，让老板觉得是在设身处地的为他着想。不能不顾颜面地拒绝老板的要求。必要时候还可以请求公司法律顾问的协助，提醒老板私自挪用公款对公司和老板个人可能会造成的影响。

三、拖延法

当员工接到老板不恰当的指令，超出工作规定时，既不要唯命是从，也不要态度强硬地直接拒绝。如果当老板需要你的帮助时你拒绝，那当你需要老板的帮助时，老板的态度也可想而知。此时，拖延法就派上了用场。

妙人是公司的行政秘书，人如其名，正当妙龄且气质出众。这天老板对妙人说，下班后有一批客户需要接待，其中一个客户对妙人印象很好，希望妙人能够和他一同出席晚宴。老板要求妙人在下班后和他一起去饭店，根本没给妙人说话的机会。这种默认妙人肯定答应的情况，让妙人不知如何是好。

面对老板工作之外的要求，有些员工碍于面子，不知道该怎样在不伤和气的情况委婉拒绝老板。以上例中的妙人为

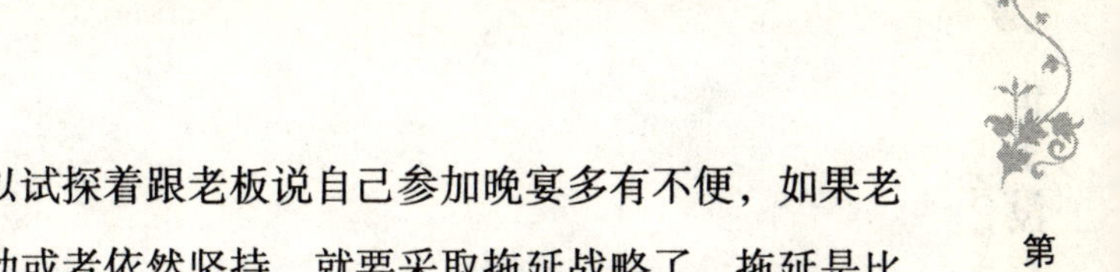

例，她可以试探着跟老板说自己参加晚宴多有不便，如果老板不为所动或者依然坚持，就要采取拖延战略了。拖延是比较消极的方法，在无计可施又要维护老板颜面时可以采用。如妙人可以提出要回家换衣服，或下班后在老板不注意时躲开老板视线，然后致电给老板，说明自己因身体或者心理状况无法参加。员工坚决不出门老板也拿她没法，这是万般无奈时可采用的策略，也是给老板的一个最低的台阶。但是第二天则要主动找老板谈话，感谢老板考虑到自己的身心状况，没有硬逼自己接待客人。如果老板没有生气，可以借机表示希望老板能一直这么照顾自己。

优秀员工既精明能干也会装傻，要避免跟老板硬碰硬，机动灵活地运用沟通艺术来解除自己的困扰。跟老板提意见不可怕，用错方法，不给老板台阶下才可怕。做个在不知不觉让老板听你话的精明人，才能在职场中如鱼得水。

07 别让你的老板吃干醋

孩子任性霸道，在学校破坏公物、打骂同学、不听管教、是父母的责任；丈夫大男子主义，缺少家庭责任感，大小家务置之不理，把家当宾馆，是妻子的责任；老板心胸狭窄，嫉妒表现突出、成绩优异的员工，动不动就吃醋，是员工的责任。

GG是个非常能干的女强人，在某集团任天津分公司市场部经理一职。

有一段时间，北京公司和上海公司之间分歧很严重，几乎到了相互对立的地步。为了公司的总体利益，在经过细致的考察分析后，GG向总公司保证，会平息此次风波。

果然三个月下来，两家公司对彼此的意见越来越少，一贯吹毛求疵、追求完美的上海公司总监的投诉也在减少。公司同事都称赞GG手腕高明。照理讲，分歧没有了，双方安分守己、各尽其责，集团的整体效益应该稳步提升才对。可是一波刚平一波又起，这次出现问题的是天津分公司内部，行政总监和市场部经理GG之间闹得不可开交。

市场部经理GG刚上任时，行政总监还很是关照的，经常询问其在产品宣传方面是否存在困难。当北京公司和上海公司出现矛盾时，行政总监还协助过GG处理这场危机，且没有让天津分司卷进这场纷争当中。可是现在，市场部经理GG向总监请求支援时，总监总是开始口头答应，执行起来却敷衍塞责。渐渐地，GG开始不满意总监的态度，而总监也多次质疑GG的能力和整个市场部团队的存在价值。后来，总监干脆对整个市场部门不闻不问，给GG的工作造成了很大的干扰。

GG后来明白，这是因为自己成功解决了北京公司和上海公司之间的矛盾，让行政总监吃味了。

这个案例中，下级和上级之间的“阶级矛盾”就很明显。下级心存疑惑：不能干的时候被上级责骂没能力；能干的时候又怕功高盖主被打压。上级也感到困惑：下级太弱对

公司发展不利，自己工作起来很累；下级太强又显得自己无所事事，权力被瓜分。如此处境，让上级和下级都不知如何进退，僵化的关系必定产生矛盾。上级被下级指责心胸狭隘不能包容能者，下级被上级嫌弃风头太盛惹非议。市场部经理GG在处理危机时表现得比总监更具领导风范。总监就想，既然你能力如此之强，那么遇到困难又何须领导帮助了？在这样的思维促使下，总监吃起GG的醋，出现问题时不愿意出手帮助她。

怎样让老板支持自己的工作，不因为自己的突出表现乱吃醋？员工需要认真考虑老板吃醋的原因和表现。

初级阶段

表现：当员工表现得比老板优秀时，老板产生失落感，进而产生心理落差。这是在老板不自知的情况下表现出的吃醋，是嫉妒心理的起点。

员工应对：发现老板对自己产生嫉妒之心时，首先要自我反省，其次用理性的方式使老板心理平衡。比如转移老板的注意力，使其更关注其他业务方面，不要只盯住你的区域不放。同时也要转移自己的注意力，不要全力追踪老板重视的项目，以防止让老板觉得你在跟他抢功劳。

正确看待老板的短处和自己的长处，不要用自己的长处跟老板的短处比，沾沾自喜地得出自己强于老板的结论。用自己的长处激励老板，将他的嫉妒传化成前进动力，培养老板唯才是举、求贤若渴的高尚品德，给自己赢得生存空间。

中级阶段

表现：员工的表现对老板的地位产生了威胁，老板开始缺少安全感，希望员工偶尔失败一次或者向自己求助，以证明自己的存在价值。

员工应对：老板吃醋的嫉妒心理发展到这个阶段时，员工就要从本质上着手，帮助老板摆脱心理障碍。老板最担心的是自己在市场竞争中被淘汰，猜疑下属心怀不轨，要抢夺他的位置。这时，必须消除老板这种不安全感，多给老板表现的机会，在不损害自己和公司利益的时候，适当放松一些，犯一些可以挽回的错误，让老板觉得你也有弱点，也需要他的帮助，以此减轻老板的心理压力。

再者，需要多赞扬老板，给老板灌输他很棒的理念，同时让他意识到，自己现在的心理状态是不正确的。很多老板嫉妒员工，自己却没有发现，所以需要员工的提醒。多给老板灌输一些开明君主礼贤下士的故事，让老板感受到无论员工如何出众，都是在为自己效力，以消除老板对你的戒心。

终极阶段

表现：将员工视为商场敌人，员工的任何行为在老板眼

里都是图谋不轨。老板处处针对员工，采取各种手段打击、压迫员工，相信只有让他远离公司才能确保自己的安全。

员工应对：当老板的嫉妒心升华到终极阶段时，员工的一举一动都会让老板吃醋。跟同事关系密切，老板会怀疑你要笼络人心；跟同事多聊几句，老板会认为你在讲他坏话。这时，不要说加薪升职，能否保住工作都是问题。此时，事情已经发展到了不可挽回的地步，作为员工，可以主动选择调离现有工作环境，离开老板的视线。

员工若能及时发现老板情绪上的转变，采取积极的应对措施，便可将事态控制在一定范围内。一般事情不会发展到整个阶段。如果真到了自己因为太过优秀而被老板辞退的地步，就要做一下深刻的自我检讨了，看看根源到底在自己身上还是老板身上，以后自己应该注意什么。否则“木秀于林，风必摧之”，风头出多了，难免让自己的职业发展受阻。

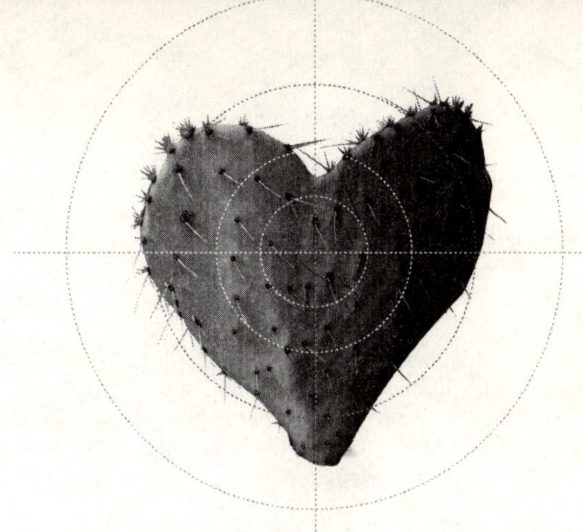

SIX

第六章 转变自己的逆风方位

农夫的驴不小心掉到了枯井里，农夫绞尽脑汁也想不出救驴的方法。为了尽快结束驴的痛苦，农夫决定找几个人把井填上。大家开始向井里铲土后，农夫不经意往井底一看，发现驴子正在拼命甩掉落在身上的泥土。它脚下的泥土越堆越高，距离井口也越来越近。终于驴子升到了井口，跳出来获得了自由。

在职场中，很可能莫名其妙地遇到各种坎坷，就像故事中的驴子一样，不仅深陷枯井，还要面对被埋的境遇。小人算计，无良老板压榨，客户无理刁难……如何改变自己在职场中的逆风方位？是不断摆脱身上的泥土，站到更高的位置，还是低下头听天由命，等着活埋？积极应对职场逆境，化解前进中的阻力，让自己顺利度过逆风期。

01

改变别人不如改变自己

很久以前，释迦牟尼有位徒弟即将踏上入世的旅途。出发前，徒弟问佛祖，自己未来的人生路是什么样的。佛祖回答：“在你的旅途中会遇到三道门，每个门上都写着引语，你看过之后就明白了。”

徒弟出发后不久就遇到了第一道门，他抬头一看，上面写着：“改变世界。”徒弟决定按照自己的意愿规划世界，将世界上他不满意的事情统统改变。

徒弟在改变世界后继续前进，然后遇到了第二道门，上面写着：“改变别人。”徒弟回想在改变世界过程中，很多人对他的做法表示不满，现在他决定改造这些人，让人们朝着更好的方向发展。之后，他也这样做了。

当遇到第三道门时，上面写着：“改变自己。”徒

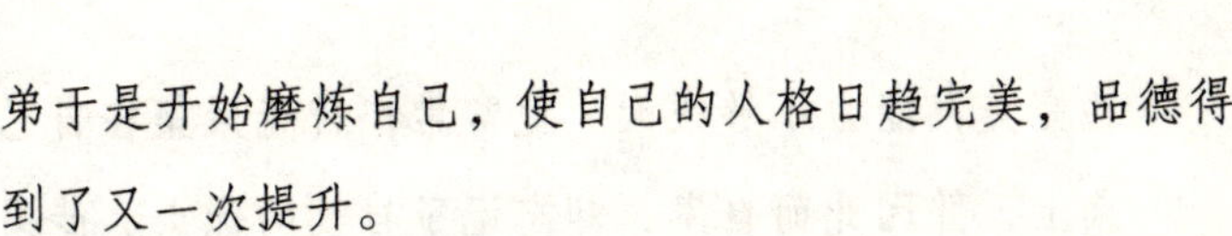

弟于是开始磨炼自己，使自己的人格日趋完美，品德得到了又一次提升。

徒弟在走过三道门以后有了新的领悟，他对佛祖说：“经过这次游历，我懂得了：改变世界不如改变世界的人，让人们适应环境。而改变别人不如改变自己，让自己适应环境。”

看企业不顺眼，想靠自己一人的力量改变整个企业，必然会遇到前所未有的巨大阻碍。看同事不顺眼，想把同事改造成自己喜欢的样子，也几乎不可能。一味强调改变别人，而不去改变自己，必将撞得头破血流。

当员工在职场遭遇困境，觉得无论环境还是他人都在与自己为敌的时候，应该停下脚步重新审视一下自身。这时，问题往往出在自己身上。

继续上一个故事。

佛祖听到徒弟的感悟后，笑着让他再重新走一次原路，回头看看经历的三道门。徒弟遵循佛祖的指令又上路了。

当他走到第三道门时，发现上面的字发生了变化，写着“接纳自己”。徒弟恍然大悟。曾经在改变自己的过程中，他总是觉得苦恼和自责，责怪自己很多地方不

够完美，能力不够强大。他常常把目光聚集在自己的弱点上，并因此而自卑，却忘记了自己的优点。徒弟开始学着赏识自己，接纳自己的缺点。

徒弟继续前行，到了第二道门，上面写着："接纳别人。"徒弟开始回想。自己在改变别人时，经常满腹牢骚，埋怨别人跟自己的要求距离太大。一直看别人不顺眼的原因，在于他无法接纳他人身上存在的缺点。当别人表现得不如自己时，他就会怨声载道，将别人的缺点放大并且横加挑剔。再次经过这道门，他开始学会宽容别人，原谅他人的一时疏忽，包容别人的纰漏。

走回到第一道门时，徒弟看到是四个大字："接纳世界"。在改变世界时，他曾经遇到过很多波折。世界与他想象中的样子天差地别，改变世界的过程让他苦不堪言。因为他不愿承认世界上有这么多人的能力有限，他不能接受灰暗的事实，总想着控制一切，让大家朝着他设定的方向发展。这扇门上的箴言让徒弟学会接纳不完美的世界，心胸变得更加宽广，对曾经认为不满意的事情也能欣然接受。很快徒弟就走过了三道门。

在职场中我们会遇到各种各样的问题、各种各样的人，只有及时认清自己的优缺点，不断完善自己、宽容别人，才能与同事在和谐的环境中共事，造就良性发展的平台，减少

自己可能遭遇阻力的风险。

当自己处于职场中的不利方位时，抱怨不如改变。

与其不停抱怨工作多、薪水少，不如想办法提升工作效率，高质量地完成工作。当你的能力超出你的薪酬时，老板自然愿意给你加薪。如果老板真的视而不见，那时，依你的能力，也必然可以找到乐意为你付更高薪水的老板。

与其抱怨老板压榨你的劳动所得，不如努力成为公司业绩最好的人、最能给公司带来利润的人，如此老板想吝啬也找不到理由。

与其抱怨老板侵占你的休息时间，不如自我督促，在工作时间内漂亮地完成你的工作。通常来说，没有拖拉的工作任务，就没有频繁的加班。

与其抱怨不被公司重视，不如多学习先进的知识和技术，增强自己的能力。有了核心竞争力，就不愁没有良好的发展平台。

Abel是某保险公司的推销员，他对自己的工作很不满意，跟朋友Bob抱怨说："老板简直目中无人，稍有不满就对我吹胡子瞪眼拍桌子，我要当着全体员工的面狠狠把辞职报告甩到他脸上！"Bob边点头边对Abel说："我非常赞同你的做法，一定要给老板点颜色看看，但是你不该现在离开。"

Abel疑惑地问："为什么？"Bob答说："你现在辞职对老板的影响并不大。你应该拼命工作，拉拢更多的客户，等你成为公司必不可少的人物时，再突然辞职，这才是对老板最好的报复。"

Abel觉得朋友说得很有道理，就开始努力工作，积极开发并维护客户。半年后，Abel拥有了许多忠实的客户。

Bob对他说："现在时机成熟了，你可以辞职了。"Abel摇摇头，高兴地说："我发现老板现在对我刮目相看，主动加薪不说，还准备升我做销售经理。我觉得这家公司很适合我发展，我不打算离开了。"

"我早就料到了！当初你不受老板重视，是因为你不够努力，能力不足，缺少客户，没有给公司带来多少利润。如今你下足功夫，认真工作，成了精英员工，老板自然改变了当初对你的态度。"Bob笑着跟Abel说。

在职场中举步维艰又无法改变现状时，员工要多从自己身上找原因，不要动不动就把责任推卸给同事或领导。另外，在工作中经受的责难和批评，不应化为无尽的自责和烦恼，而要当成前进的动力。生气不如争气，当你自己真正蜕变时，会发现世界也对你改变了。

有些人整天把不满和不幸挂在嘴边，总觉得自己壮志难酬，没有伯乐赏识，其实，要想伯乐发现你，首先要保证自己是日行千里、能力不凡的千里马才成。如果自己本身就能力不足、存在很多缺点，却埋怨别人对你不满意，那就有些无理取闹了。错误高估自己是员工常犯的错误，要学会放低姿态，不要总是沉湎于曾经的英雄事迹中，要从眼前重新开始，一点一滴地努力用谦卑的心态向同事学习，超越曾经的自己。

02

即使只有一口气，也要不断努力

故事一：任何努力都不会白费。

石庚只读到初中，因为家里太穷没有继续上学。辍学回家的石庚整天围着庄稼转，帮着父亲种地。

他19岁的时候，父亲不幸得病去世了。为了给父亲治病，家里欠了很多债，唯一的男丁石庚不得不担负起养活全家的重任。

22岁时，石庚承包了一片农田，想挖个池塘养鱼。村里有经验的人告诉他，水田只能种庄稼不能养鱼，无奈的石庚只好把池塘填平。后来这事成了全村的笑话，都说石庚想钱想疯了，田里都想“种鱼”。

后来听说养猪能赚钱，石庚就四处借钱开始养猪。

结果家乡发大水，洪水把猪都冲跑了。父亲看病的债务没还清，家里又欠下一笔养猪的钱，母亲焦虑成疾，失明了。

石庚到了35岁还没成家，村里的女人都看不上他。这些年，他酿过酒、打过鱼还到山上石矿干过，可是一直也没赚到钱。别人家都盖起砖瓦房了，他还住在以前搭建的土屋里，一场大雨就能倒塌。但是石庚还想再搏一搏，他四处借钱买了一辆拖拉机。谁想到车买回来不到半个月，他就驾驶着拖拉机出了事故。石庚断了一条腿，拖拉机被冲进了河里，所有人都认为他这辈子彻底完了。

这就是现在资产过亿，著名玻璃钢生产公司老总石庚的前半生的传奇经历。很多记者采访他时，他说："即使只有一口气，我也要不断努力，抓住成功的尾巴。"说着石庚拿起眼前的杯子，问记者："如果我把它摔在地上，会怎么样？"记者说："摔在地上当然就碎了。"石庚手一松，杯子与地面相撞发出清脆的响声，但是丝毫没有碎裂的迹象。"很多人认为杯子掉在地上必碎无疑，但这只杯子不是普通的玻璃杯，而是用玻璃钢制作的，所以摔很多次也不会碎。生活中我们可能会遇到很多不如意，但如果一如既往地坚持下去，采取正确的应对措施，就一定能取得成功。"

石庚作为老板，在创业的过程中经历过常人未曾想象过的磨难，在不断的坚持下才取得了最后的成功。职场人在工作中，若遭遇阻碍就选择放弃，只会让自己离目标渐行渐远。天道酬勤，只要付出努力，起点低不可怕，困难多也不可怕，因为无论什么坎儿，最终都会成为过去。

故事二：机会只给做好准备的人，有时候来得无声无息。

子涵在大学毕业前夕，作出了人生的一项重大决定：离开安稳生活的家乡，去上海闯职场。这边父母已经为子涵安排了一份稳定工作，希望她能够留在身边。老师和同学也觉得子涵太冲动，认为闯上海没有想象得那么简单。普通大学毕业的她，专业又是不冷不热的商务贸易，没有特殊技能，能在人才济济的上海混下去吗？

心意已决的子涵过够了一成不变的小城生活，这里的每个角落她都格外熟悉，缺乏新鲜感。生活太过安逸了，为了不辜负青春年华，子涵决定出去闯一闯，看自己能飞得多高、多远。她背上行囊就朝上海出发了。

出发之前子涵简单地了解了一下上海的求职市场。尽管这里汇集了全国各地的求职者，但是她相信大城市的求职机会多，自己可以从基层做起，所以一定能找到

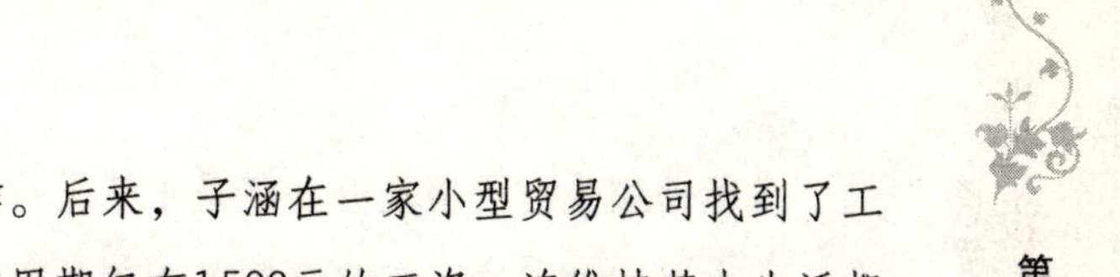

合适的工作。后来，子涵在一家小型贸易公司找到了工作，但是试用期仅有1500元的工资，连维持基本生活都很困难。就算转正后，也只有2800元月薪，这个收入在子涵的老家都算不得高，更别提在大城市上海了。

不过既然来了，子涵就不想轻易放弃。俗话说，万事开头难。子涵已经做好了吃苦的准备。她找到了一间合租的公寓，每月省吃俭用地过起了“蚁族”的生活。

同学关心子涵的近况，经常给她打电话。生活不如意、工作压力又大的子涵只好打肿脸充胖子，撒谎说自己在一家外资企业上班，月薪3500元。同学说：“在上海，工资不算高。但是刚刚起步，不要着急，慢慢会好的。”听完同学的话，子涵暗自垂泪。

子涵反复告诉自己，作为一个普通的本科生，没有社会经验又没有高学历，竞争力自然薄弱。但只要努力完善自己、提升自己，定能增加求职的机会。于是子涵利用休息日巩固英语，还报了进修班深造日语。

子涵当时所在的公司规模比较小，工作相对来说也比较简单。除了联系几个固定的老客户，就是整理资料文件、发送邮件等。子涵学习能力很强，认真观察后很快就掌握了工作规律，工作起来轻松多了，且腾出了大量的时间学习。她一边工作一边学习，一年后考取了日语二级证书，也升职到了贸易公司的总经理助理职位。

虽然薪酬没有大幅提升，但是子涵觉得生活得很充实，一有时间就阅读关于经济贸易方面的书籍，尤其是对外贸法律法规，子涵更是烂熟于心。

年底，子涵跳槽到了一家正规的对外贸易公司。新公司更具规模，工作要求也更加专业。子涵不断进修的知识终于派上了用场。新公司需要接洽很多对外贸易工作，在同外国公司合作的过程中，对外语的要求很高，这更加激发了子涵的学习热情，她又开始学习德语。

公司对子涵的表现很满意，发现她日语水平较高后，就将日本客户交给了她。同事跟子涵说这位日本客户要求很多而且很抠门，想要在他手上拿下订单不容易。子涵把这次任务当成对自己的磨炼，以及对自己进修成果的检验。

这位客户果然如同事所说很麻烦，时不时就提个要求，动不动就又有新主意，还特别喜欢讨价还价。好在子涵很有耐心，又谦虚有礼，终于在几次洽谈后，日本客户被子涵感动，在没有还价的情况下签订了合同。

再后来，子涵依然不断努力突破自我，几年后，成为了一家大型公司的高管。如今，同学们再提起工作进展顺利的子涵，无不羡慕地夸她运气好。

子涵想起自己无数个夜里学习的日子，想起为了专研资料，下班后连吃饭的时间都没有就赶去培训班上课

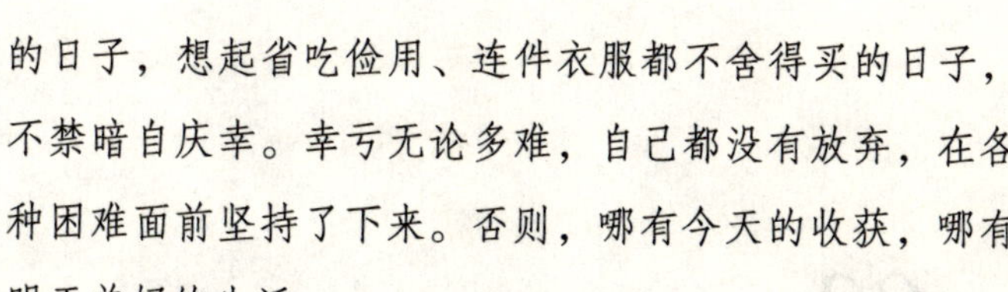
的日子，想起省吃俭用、连件衣服都不舍得买的日子，不禁暗自庆幸。幸亏无论多难，自己都没有放弃，在各种困难面前坚持了下来。否则，哪有今天的收获，哪有明天美好的生活。

职场中，我们只要能做到不轻易放弃，只要能认准目标并为之不断努力，则一定能在辛勤的付出之后，收获心仪的果实。一分耕耘也许不一定有一分收获，但不耕耘一定没有收获。尤其对没有背景、只有背影的普通职场人，唯有努力，才可能让你从众人中脱颖而出。

03

不做老板的眼中钉

身在职场，如果老板偏偏与你格格不入，看你哪都不顺眼，则一定有原因。只有找出原因，才能避免成为老板眼中钉的厄运。

被老板厌恶的原因，可能有以下几种：

输在起跑线上，第一印象差

人力资源部副经理Evan说："我发现很多人的履历非常简单，自我描述不过是只言片语，有时候整个简历只有半页纸。遇到这样的简历，我第一感觉就是这位求职者态度不认真，可能对我们公司没什么兴趣，也可能处事一向如此马虎，对什么都不上心。"

很多人忽略简历的重要性，认为公司是甄选人才并不是

筛选优秀简历。但是，从一个人的简历上确实可以反映出他的一部分做事态度。一个对自己要求严格、凡事认真的人，简历绝对不会只有半页。尽管很多人在面试中侃侃而谈，但是要知道简历才是你递出去的第一张名片。简历制作粗略、内容混乱，首先会让招聘者对你的好感度下降。

面试时不做足功课，对应聘公司一无所知，对企业业务又不了解，也是找工作的大忌。第一印象一旦形成就很难改变，即便成功进入了公司成为其中一员，领导也会以审视的目光时刻挑剔你的工作表现。因为他可能怀疑你在和客户接洽前没有提前进行准备，很有可能失去一笔订单，给公司带来损失。事业刚刚起步就成了上司的眼中钉，想要日后有所突破也是举步维艰。

不懂合作的独行侠

俗话说“单丝不成线，独木不成林”。职场与学校不同，学校可以教会你理论，但企业成事在于合作。只有懂得将一人之力集合起来成为众人之力，发挥集体的智慧和力量，才能在商场中所向披靡。美国著名小说家韦伯斯特曾说过：“人们在一起可以做出单独一个人所不能做出的事业：智慧+双手+力量结合在一起，几乎是万能的。”书读得再多，不懂得合作的人在职场上也会碰得头破血流。

一天动物公司组织了一场晚会，狐狸作为主持人邀请驴上台为大家唱首歌。驴说自己的声音不好听，不会唱歌。狐狸又让驴表演一支舞，驴说自己的身材不好，不会跳舞。狐狸反问驴："那你会些什么呢？"驴回答说："我会拉磨。"于是狐狸让驴去拉磨。

驴不会往磨里放豆子，而平时负责放豆子的小猴此时正在台上表演杂技，驴看了它一眼，开始低头拉磨。狮子老板下来视察，发现驴很勤快，一直在低头工作。刚要表扬它，却发现磨里一粒豆子也没有，驴正围着一口空磨转圈。狮子老板心想：差点被假象骗了，他哼了一声走开了。

驴子拉磨累了，看到房檐上有一处青草，就想吃掉它。可青草太高了，满头大汗的驴怎么也吃不到。它准备踩梯子上去，又怕梯子滑倒；想让山羊帮忙扶着梯子，又担心山羊跟他抢青草。它只能看着房上草干着急，最后只好放弃了。

年终表彰大会上，驴子没被评为"优秀员工"，他不服气地上台理论。他说自己平时任劳任怨，干活最多，为什么不是优秀员工？狮子说："你只知道干活，不讲究合作，一个人低头拉空磨，做的再多也没有收获。"

不懂合作的独行侠，就像故事中的驴一样，哪怕拼命工

作，若没有同事的帮助，也很难有所作为。

独行侠很容易成为老板的眼中钉。一个人若独断专行，不听上级指挥，也不愿意与同事分工合作，那不仅在团队中不受同事喜爱，也很难赢得领导器重。若员工是因为自己性格内向而不愿意与人交往，那就要克服自己的性格缺陷，主动与同事建立起合作关系。即便在没有工作任务时，也要主动与同事交流，多接触多沟通，促进相互之间的感情，为日后合作工作营造一个好的基础。还有一类员工以为自己技术超群，觉得其他人比不上自己，所以不愿意和别人搭伙。但是工作任务通常不是单一的技术环节，而是有很多细小繁琐的事情需要协调，若一个人既忙着抓技术又四处奔走顾细节，难免有忙不过来影响进度的时候。所以无论你能力如何出众，也不要忽略同事的作用。否则，耽误了工作，影响了老板的利益，自然会成为老板的眼中钉。

规矩是人定的，也是给你定的

有一些员工爱钻空子，游走在公司规定的边缘，对待公司规定如同儿戏。认为规矩是人定的，凡事皆可商量，只要对公司利益没有影响，有些规矩遵不遵守都可以。但是，没有规矩不成方圆，一个企业拥有众多员工，如果每个人都觉得规矩不重要，无视公司纪律任意妄为，那么整个企业就会像一盘散沙，终将被大风吹散。

五星级饭店的公关礼仪，是整个公司的门脸，客人进店来，第一个接触的就是礼仪人员。所以饭店要求礼仪人员不准染发，从着装到妆容、首饰都要做到统一。但是爱美的Nora可管不了那么多，一向标新立异的她偷偷把头发染成了酒红色，心想先斩后奏，领导若不同意大不了再染回来。

第二天Nora顶着一头红发上班了。这天饭店恰好来了一位很重要的贵宾，全体礼仪人员出行迎接。在长长的队伍里，红头发的Nora一眼就被领导发现了。气愤的领导让Nora立即回避，说她的形象破坏了整个公司的专业水准。Nora气得转身就走，心想女上司分明就是嫉妒她，看她不顺眼，借机报复她。

贵宾走后领导找到Nora，批评了她一顿。Nora很不服气，觉得染个头怎么了，小题大做。领导说："你平时就无视公司规定，上次某公司宴会，我们要求员工在工作中不准吃东西，结果你不仅不遵守规定，还偷吃宴会提供给客户的点心，给公司造成了不好的影响。"Nora想起那次宴会中，她看小点心很可爱，觉得没人看见，一时没忍住就尝了一口，没想到被领导发现了。"还有一次，你涂完指甲油以后去整理桌布，结果把桌布角沾上了颜色。同事发现后要求你更换桌布，你

还怪人家小题大做。这次你又违反规定染发，实在是太让人失望了。”领导说完，一甩手气呼呼地转身走了。

Nora无视公司规定，觉得没人看见、影响不大，所以小小地犯些错误也属正常。殊不知她的表现早就落入领导眼中。更让人无语的是，Nora没有意识到问题的严重性，一次次变本加厉地无视纪律，最后当领导实在容忍不了她时，只好开除她。

开始时没有给老板留下一个好印象，在工作中不注重团队协作，工作时又一再违反公司规定，这样的员工必然成为老板的眼中钉，被老板事事针对。不是老板想要为难你，而是你的表现实在让他不满意，所以对分配给你的工作他也不会放心，故不得不多多“提点”你事事小心。

04

自备避雷针，正确看待老板脸色

在家里做错事，父母会在批评过后替你承担后果；在学校做错题，老师会在批评过后教会你改正的方法。可是职场中被老板批评，老板可能不会细细告诉每个员工为什么指责他，以及下一步应该怎么办。老板太忙，很难对每个人都做到言传身教。所以在职场被老板使脸色，搞不清老板的喜怒哀乐时，就需要多沟通、多揣摩，弄清缘由。

要正确看待老板的脸色，有时老板的批评不代表责怪，有时老板的表扬也不代表赞同。态度决定成败，用什么样的心态面对老板的脸色，影响着你在职场中能够收获多少老板的青睐。仔细辨别老板的臭脸、笑脸，做个职场侦察兵，是每个员工必做的功课。

一个月前，胡俊接到了公司委派，负责一个IT产品的开发。为了搞好这个项目，他不管是吃饭、走路甚至做梦都在想方案，几乎把全部精力都用在设计产品上面了。

经过反复的修改，一个月后，产品终于完成了。胡俊力求每个环节都完美无缺，只要是可能出现的弊端，他都做了及时的改善和修正。胡俊很满意自己的作品。

在成品报告会上，胡俊自信满满地讲解设计思路，隆重推出了全新设计的产品。可同事们似乎不买账，并不像胡俊一样认可这项设计，更有人当面提出了反对意见。很多同事表示产品娱乐性过强，商用价值不高，还有人觉得操作方法过于复杂，也有人觉得设计虽然新颖，但是成本过高……

老板在听完大家的意见后，耸了一下肩，笑着对着胡俊说："考虑到成本问题，产品价格需要增加，可这样就会压缩消费市场。虽然你的创意很新颖，但是投放到市场可能无法产生预想的收益，而如果不能盈利，那么就不具备生产价值了……"

胡俊辩解说："为了保证产品质量符合一流的设计理念，所以我采用了一些高成本的原材料，这也是为了保证产品的完美呀。"

"你说的没错！"老板喝了口咖啡继续说，"但是你没有考虑到市场需求率。顾客需要什么样的产品？这

么高昂的价格能否被他们接受？”胡俊感到很惭愧，在设计时他只想着将自己的专业技能发挥到极致，研发一个可以证明自己实力的产品，却没有考虑到对于公司来说，谋利才是生产的根本目的。

“顾客需要操作简单、使用便捷的产品，如果你能站在顾客的角度思考问题，将过于复杂的操作菜单简单化，别让顾客连产品怎样使用都搞不清楚的话，你会设计出更棒的产品。”听完老板的话，胡俊明白了：顾客不需要多完美的产品，而是需要更适合的产品。

胡俊在展示自己产品的过程中，遭到同事的否定，没有得到老板的认可。面对大家的批评，胡俊能够虚心接受并改正，这为他日后的设计提供了帮助。如果胡俊一直不能认识到顾客需要和市场需求，那无论他继续设计多么完美的产品，也不会得到老板的认可。

老板的批评自有他一番道理，老板不会无缘无故地指责认真工作的下属。当员工身上出现错误，工作发生纰漏还不自知的时候，老板站出来批评，是为了避免员工走冤枉路，浪费精力，同时给公司造成损失。

老板对你使脸色，首先你要知道为什么。上司对下属使脸色通常有几种原因：

1. 发现员工工作中出现问题，进行批评和训斥。

2. 树立老板权威，在员工面前建立威信。

3. 警醒其他员工，不方便指责所有人或者整体气氛不佳时，“杀一儆百”，“杀鸡给猴看”。

4. 老板情绪不佳，工作中遇难困难，负面情绪转移到员工身上。一般这样的情况并不常见。

当员工在公开场合遭到老板批评，在同事面前受老板白眼时，可能会造成自己情绪上的被动。此时不要当面顶撞老板，应选择私下里解释，过后向老板询问原因并道歉。另外还要用行动证明自己，提升自己的业务技能，拓展自己的能力空间。

老板借助公开场合批评员工，如在办公室、会议、工厂等，多是为了树立自己的绝对领导地位。公开场合一般人员较多，既能扩大威望传播的速度，又能增强自身影响力，同时也是老板观察其他员工态度和表现的好时机。当对一个员工进行指责时，从其他员工的反应中可以侧面了解大家的工作状态和工作情绪。

若你在公开场合被老板指责，应学着脸皮厚点。当着同事的面虚心接受老板的批评并不是什么丢人的事，畏首畏尾、逃避责任才是职场禁忌。

被领导使脸色时，要分清出了什么问题。如果自己有能力解释或者领导意见有偏差时，就要采取一定的应对措失。他臭脸不要紧，你可以微笑着向他解释，站在你的思维角度

提出不同意见。尤其是在你肯定自己的意见对工作改进有重要作用时，更要直言不讳地向领导说明，不要因为他的脸色不好就左右为难、忍气吞声。当问题脱离自己的掌控时，也不要跟领导发生争执和不必要的纠缠。领导对你使脸色，并不能赢得什么，不必立即跟领导争个面红耳赤。如果当时领导没有给你解释的机会，也不必过于介怀，只要私下找领导多沟通，表白自己的立场，多数矛盾均会化解。

老板脸色变化快，一瞬间风起云涌时，你要保持一个平和的心态。对待批评，“有则改之，无则加勉”。在公开场合被老板甩脸色时，你可能会觉得自尊心受挫，情绪受到一定影响，但大可不必将这种不良情绪带到工作中去。只要你工作优秀，自然也能在其他公开场合得到老板表扬，收获风雨过后的彩虹。

在工作中保持反思和自省的好习惯，提升处理人际关系的技巧，懂得适时安抚自己。这样的员工就好比自带避雷针，无论老板脸色如何电闪雷鸣，都能不受影响，在风起云涌的职场中安稳生存。

别越界，抢了上司风头

《三国演义》中“杨修之死”充分告诉我们，作为员工，不懂得职场规则，踩过界，走到老板的雷区，抢走老板的风头，最后只能自食苦果。

杨修作为曹操麾下的主簿，经常自作聪明。公元219年，曹操挥兵攻打汉中，遭到蜀将马超的顽强抵抗。接连战败的曹操萌生退兵之意，但又怕被蜀兵耻笑。正在进退两难之际，夏侯惇入帐请令，曹操随口将“鸡肋”定为夜间行动的口号。杨修听说后，立即叫随行部队收拾行装，准备离开，并且洋洋得意地解释道：“鸡肋者，食之无肉，弃之有味。明摆着久战不胜，丞相决定班师回朝，所以大家提前收好行装，

免得到时慌乱。”

自以为是的杨修认为自己分析得有鼻子有眼，没想到却触怒了曹操。曹操认为他“妖言惑众，扰乱军心”，决定将他就地处死。

有人认为杨修死得冤枉，责怪曹操心胸狭窄、嫉妒贤能。但作为下属的杨修，其实“死有出因”。作为上司的曹操，处死他更是理由充分。杨修自作聪明，以为猜透了曹操的想法，在未经曹操允许的情况下就在军队中散布撤军的号令，明显越级发号施令，触怒了曹操，才招来杀身之祸。同样在职场上，有一部分“杨修式员工”，总认为自己判断准确、博学多才、见多识广，以为自己能猜中老板的想法，所以常在同事面前越级发号施令，在工作中越级行使职权。这类员工其实是自作聪明，胆大包天、任意妄为的结果，必来惹来“杀身之祸”——早晚有一天得卷铺盖走人。

现代职场中流行一句话：领导下基层，员工谈战略。也许有些言过其实了，但是却反映了一定的现实问题。为什么员工成天都在谈论战略、思考部门规划、展望公司前景、研究技术提高方案、调整产品市场战略等，对本职工作却不愿踏踏实实地一点点做呢？

在不同的单位中，每个员工都有属于自己的不同位置，

这是领导分配给员工用来完成工作的平台。管理者将企业划分为不同层次，对不同层次的员工委派不同层次的任务，一是便于管理，二是为了人尽其职。不同职务在工作中有所区别，而员工要做的，就是扮演好自己的角色，明确自己的职能和技能要求，认清自己的位置，并兢兢业业地工作，做该做的事，履行岗位职责。

销售经理黄居正准备出差去南京谈生意，对方公司派出的谈判代表，正巧是黄居正的手下魏明的同学。黄居正决定带着魏明一起出差，希望通过二人的同学关系这个突破口，拿下这单生意。他把搞好公关的任务交给了魏明。

很快魏明就跟同学熟络起来，详细介绍完产品后，他们又天南海北地聊起来。越聊越高兴的二人，直接商量起合同的细节。魏明在没有征询黄经理意见的情况下，就拍板决定了合同的各项条款，这让坐在一旁的黄经理非常尴尬。

用餐时，魏明更是不顾黄经理的意见，自作主张地点了满满一桌子菜，所花餐费远远超出了公司的预算范围。魏明哪管这些，自顾自地跟同学边吃边聊，直接把黄经理晾在一边。

回程路上，魏明得意地问黄经理自己表现如何。黄

经理冷哼一声说："给我留下了深刻印象！"结果从此以后，魏明再也没有出差机会，黄经理也从不将重要任务交给他。渐渐地，魏明在公司成了透明人。

虽然魏明因为有关系，推进了合同的签约进度，最终谈成了生意，但是他不顾上司颜面，在客户面前越级商定合同，违反了职场的规则。所以，尽管他发挥了重要作用，但仍然失去了领导信任。在与领导的相处过程中，无论大事小事，上到与客户谈判下到买水、住宿，都要谨守自己的职责，做事之前先听听领导意见，避免因为自己的不当言行跟领导发生冲突。下属最好将自己定位为"参谋"，认清自己的立场和地位，提议权在你，但要将决策权交给领导，切忌自作主张。

职场中，如何把握好"到位"与"越位"之间的尺度，慎其职谋其事？

一、明确本职工作的义务和权限范围

明确自己的职责范围，哪些是该做的事，哪些可以做的事和不能做的事。比如作为工程监理，该做的事是依据承包合同对工程质量和建筑工期进行把控；可以做的事是在国家法律允许的范围内检查施工图，为工程提供专业服务；不能做的事是私自篡改施工图，在未经批准的情况

调换建筑材料等。明确岗位责任划分，对各项工作心知肚明，才能将其作为行动纲领，做到“到位不越位”。

二、分清自己的从属机构，不要站错队

了解什么工作是自己的分内事，什么工作是分外事，不要为了处理分外事影响到自己分内工作的进度。也要清楚自己在为谁打工，不考虑企业的利益，一味地为客户或其他人做打算，这种“吃里爬外”的员工企业是万万留不得的。

内外有别并不是“事不关己高高挂起”，而是要在做好分内工作的基础上，适当地对分外事进行协助。帮助同事可以为你赢得好口碑，建立良好的职场关系；多做事可以学习更多技能，提升自己的专业水平。但分外事关系到重大事件决策时，最好还是保持沉默。

三、过分积极反而会过犹不及

企业提倡员工用积极的态度面对工作，把企业的事当成自己的事。但凡事有度，在积极工作时更好把握好这个度。不要过分积极，企业中无论大事小情都参与其中，插手太多就会有越位之嫌。在你职责范围内的事，也要小心谨慎处理，献计要讲方法，提意见要看场合，不要大大咧咧、事无巨细都要插上一手。

一些爱耍小聪明的员工，喜欢做一些越级越位的事，对

自己本职工作范围外的事情格外热衷。越级工作在上司眼里无疑是喧宾夺主，无视领导的员工则是在引火烧身。作为下属，在职场关系中，处在听从和执行的位置，不要过多发表自己的看法，想要行使权力就要站到足够的高度。

从前有一只兔子，非常羡慕树上的乌鸦，觉得它看着远方居高临下，是件多么威风的事情。终于，偶然一次机会兔子如愿也坐到了树上。但是很快，高高在上的兔子就落入猎手的眼中。猎手趁兔子不注意，一枪将它射了下来。

乌鸦之所以能在树上生存而不被猎手捕获，是因为乌鸦具备飞翔的本领。而兔子不具备飞翔的本领，没有站在高处的资格，硬要站在树枝上，就会太过显眼，引起猎人的注意，招致杀身之祸。在与领导相处的过程中，要学会做个听从领导指令、执行领导决策的安分守己的员工。否则，跳得越高，可能摔得越重。

适时展示自我，克服性格弱点

他排行老五，是兄弟姐妹中最害羞的一个。其他小朋友在一起玩耍时，他就站在旁边看。后来上学了，他上课时注意力总不在书本上。看着老师在讲台上眉飞色舞地讲课，他的思绪却飘到了九霄云外。结果换了两次学校，他也没能考上大学。为了实现大学梦，他下苦功拼命啃书，终于考上了。可是进入大学后，他又犯了原来的老毛病，专业课成绩一塌糊涂。为了应付毕业，他央求导师给他换专业，可惜他仍然没能顺利毕业。

没有学历的他只能选择做推销员的工作。推销产品对于没有社会经验的他来说，也是困难重重。因为害羞，他很少跟别人说话，上了台更是手脚发麻、头脑空

白。不过他认识到了自己的问题，并决心改正。他每天第一个到达单位，强迫自己跟所有同事打招呼。公司培训提问时，第一个举手的一定是他。有时候他并不知道答案，但为了突破自我他依然举手，在回答问题时再想答案，不给自己留太多后退的余地。一段时间过后，他的脸皮训练厚了，业绩也开始有了起色。

他发现了自己的经商潜力，开始跳槽到更强、更大的公司。再后来，他成立了自己的集团，并打进了世界500强。这就是优派集团总裁朱宗良的故事。

在职场中，要了解自己的性格弱点，清楚阻碍自己前进的因素，克服因为性格弱点而对事业造成的影响。许多人之所以失败，不是因为不够聪明，而是没有找到阻碍自己的关键因素。

管理员发现动物园里的袋鼠总从笼子里跑出来，就开会讨论。大家一致觉得是笼子高度太低造成的，于是他们将笼子的高度提高了10米。可是第二天袋鼠还是跑了出来，管理员决定再加高10米。没想到袋鼠还是跑了出来。管理员干脆一不做二不休，将笼子追加到100米的高度。

长颈鹿和袋鼠闲聊时问："你看管理员会不会继

续加高笼子？”袋鼠乐呵呵地说：“不好说，如果他们再忘记关门的话。”

做事要找准根源，分清轻重缓急。就像故事中那个糊涂的管理员一样，如果一味地加高笼子却没有发现忘关的门，那再加高100米也无法阻止袋鼠逃出来。

职场人须警惕的性格弱点有哪些？

一、抓不住重点，瞎忙活的小迷糊

很多员工每天都在忙忙碌碌、工作却没有得到老板重视。问他每天都忙什么，他自己也不说不上来。不同职位的员工分工不同，尤其对于从事分类多、内容细小工作的员工，很容易暴露出抓不住重点的性格弱点，使自己累死累活却得不到理想的回报。

一个老太太想给孙子写封信。她站起身找信纸，却发现桌旁的垃圾筒该倒了。倒完了垃圾，她又顺手给长毛的猫咪剪了半小时的毛。找到纸后，发现笔没水了，她就向邻居去借，并跟女主人聊了一个时辰的天。等回到家时，记起电费还没交，就赶去银行排队交电费。再回到家，该做饭了，而她给孙子的信还没动笔开始写呢！

职场中，类似老太太这样不分主次、眉毛胡子一把抓的人大有人在，必须引起警惕。

二、缺乏自信，产生悲观压抑的情绪

自信心不够也可能是因为过度谨慎或者要求太高，总认为自己的水平跟要求有差距，不敢想升职加薪，只求安稳不犯错。这类人一旦被提拔就觉得自己不能胜任，面对挫折时就悲叹“我做得不好”。悲观者在采取行动之前，会不断给自己制造压力，表现出做事拖拉、力不从心的特点，给自己的工作带来阻碍，也将自己推到了职场逆风的位置。

从前有只好高骛远的火鸡，总想站在树的顶端，但是它不断地尝试也没法实现。公牛看到后说：“我的牛粪充满营养，你为什么不吃点呢？”火鸡听完后决定吃牛粪。果然它的力气增大了，一口气蹦到了树杈上，但离树顶还有一段距离。火鸡继续吃牛粪，直到两个星期后，火鸡终于站在了树顶尖。但没多久，因为树顶承受不住火鸡暴增的体重，咔嚓一声，火鸡从树尖摔了下来。

牛屎运也许可以帮助你一时到达事业的顶峰，但不能让

你永远保持在那个位置。脚踏实地的工作，才是职场升职的保障。

三、狂妄不切实际，等待天上掉馅饼

有的求职者自视甚高，在求职时如果不是龙头企业就根本不在考虑范围；或者初出茅庐就要自立门户。工作中，也认为自己能够完成超出所有人的工作，是无所不能的超人。这类人大多平时不努力，等待天上掉馅饼；一有好处就争先恐后，对别人的工作成果常常嗤之以鼻。

这样的人还喜欢不懂装懂，整天幻想一夜成名，做事既不喜欢向别人求助又不愿意征求别人意见，为了掩饰自己因为能力不足无法胜任的现实，就常对他人的成就不屑一顾。这种要求自己时时处处做英雄的员工，错误估计了自己的能力水平，给同事和领导也带来了很大压力和负担。他们只会在升职路上越走越难，驶离正确的发展轨道。

职场人若由于自身的性格弱点，做事不讲究方式方法，又不愿意改变自己，就会将自己推到职场险地，不受老板重视，被同事排挤，很难在事业上获得成功。作为职场人，应该及时发现自己在工作中的性格弱点，找出原因并解决问题，转变自己的职场逆风向，铲平阻碍自己前进的拦路石。

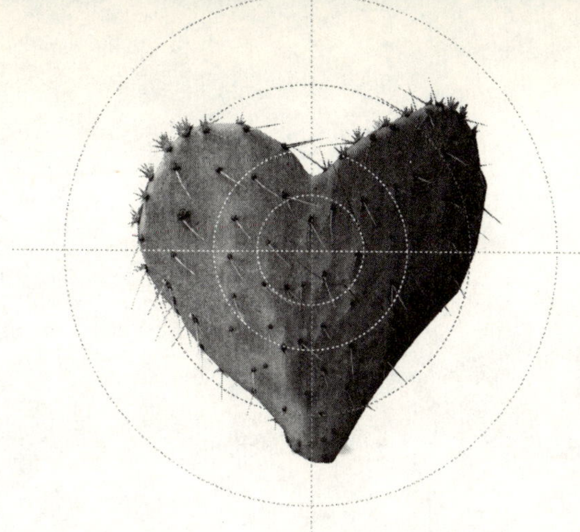

SEVEN

第七章 九品芝麻官到一品大学士的完美蜕变

从前有个老木匠，在退休前应老板要求最后建造一座房子。老木匠心不在焉，整天想着退休后跟妻子儿女一起享受天伦之乐。房子建好后，老板拍拍他的肩膀说："伙计，这座房子是我送你的礼物。"

老木匠目瞪口呆，看着粗制滥造、根本没法住人的房子羞愧地低下头。

事业需要亲手创造。你今天的一切行为都将成为你明日所造房子的一砖一瓦。身在职场中的你是否做好准备，等时机成熟时实现从九品芝麻官到一品大学士的完美蜕变？

01

九品芝麻官：少说多听打基础

无论是初入职场还是拥有一定经验但仍处于菜鸟级别的员工，都不要因为自己欠缺成功的机遇就放弃努力。每天进步一点点，就离成功更近一步。

这样的员工可类比于九品芝麻官，而九品芝麻官正是服务于民的第一人。身在企业底层的员工应该感到庆幸，不是所有人都具备从底层做起，进而一步步高升的条件。成就事业如同建筑高楼，万丈高楼平地起，当你身处最能反映职场状况的基层时，就要夯实地基。日后高楼能否经历地震巍然不倒，全看基石是否牢固。

每天进步一点点

海洋馆里有一条大鲸鱼，体重高达8600公斤，不但能跃出水面6.6米的位置，还能表演各种杂技。这样一条创造奇迹的鲸鱼，吸引了很多海洋培训师的眼光，他们纷纷前来请教训练秘诀。

大鲸鱼的训练师说："在训练初期，我们在水面下先放一条绳子，绳子挡住去路，鲸鱼不得不从上面跃过，每跃过一次，鲸鱼就会得到奖励。当鲸鱼能够轻巧跃过绳子时，我们就将绳子的高度提升一点，提升高度通常只有两三厘米，这样鲸鱼很快就能适应高度，从绳子上面跃过获得奖励。日复一日，绳子的高度逐渐提高，鲸鱼乐于追求奖励，就不断跃过绳子。慢慢地，绳子就升到了6.6米这个高度。"

鲸鱼的训练师总结说，训练鲸鱼其实并没有什么诀窍，只是让它每天进步一点点，微不足道的一点点提升积累起来，就汇聚成了令人羡慕的高度。

不放过每个细节的努力

某次世界顶尖划艇比赛中，两国选手同时冲过终点。在经过精确到千分之一秒的确认后，两队成绩仍然

完全一致，最后裁判判定，两国同时获得金牌。

而在2012年的伦敦奥运会上，皮划艇比赛更是以更为精确的万分之一秒来计时，所以想要在比赛中取得胜利，就要更加努力，因为哪怕是万分之一秒的细微领先，也会决定比赛选手谁是冠军。同样，在工作中也不要忽略任何一个细节，因为每个细节的提升都有可能带你走向成功。

坚持贵在持之以恒

相传蒙古人训练大力士的方法是，让小孩子抱着刚出生的小牛犊上山吃草。刚出生的牛犊一般不会超过二十斤，小孩每天抱着牛犊来往于山间。随着牛犊一天天长大，孩子的力气也会逐渐增大。当牛犊长到几百斤，成为雄壮的大牛时，孩子也就练就了一身神力。

如果你在工作中遇到了不如意，要退缩的时候想想抱着牛犊爬山的孩子。一时的困境可能会让你感到劳累，觉得自己距离目标遥遥无期，但只要持之以恒地坚持，一开始只能举起小牛犊的孩子，也总有一天会成为力大无穷的大力士。

少说多听打基础

一只准备飞往南方过冬的鸟，因为天气严寒，翅膀被冻僵了，从天上掉了下来。小鸟无力地躺在广阔的农田里，一只母牛走过来，正巧将一泡屎拉在了小鸟身上。小鸟生气极了，认为自己祸不单行，但是渐渐地它感受到牛屎的温度，翅膀有了知觉。小鸟躺在温暖的牛屎里，高兴地唱起歌来。路过的猫听见田里传来小鸟的歌声，顺着声音悄悄地走过来。发现牛粪中的小鸟后，它迅速将其挖了出来，一口吞进肚子里。

工作遇到不顺，处在职场最底层时，不要抱怨，也不要失落。恶劣的牛屎也能为你提供温暖，帮助你的翅膀恢复到可以继续飞翔的地步。小有成绩时也不要洋洋得意，如果没有绝对的高度，在底层时就沾沾自喜、口无遮拦，万一把“猫”引来，就可能有杀身之祸。

很久以前有个小国进贡了三个一模一样的小金人，皇帝看后高兴。可是小国使者给皇帝出了个难题，问皇帝哪个金人最有价值。皇帝想了很多方法甄别。他先是请来了打造金器的工匠来检查，可工匠看不出三个金人哪里有区别。皇帝又找来数学家对小金人进行称重，也

没有得到想要的答案。这可愁坏了皇帝，泱泱大国连这个问题都回答不出来，岂不是要在使者面前闹笑话？

此时有位大臣站出来，说自己有办法。皇帝同使者一起来到大殿，只见大臣拿出三根稻草，分别插到三个小金人的耳朵里。插进第一个小金人耳朵里的稻草从另一只耳朵里冒了出来。插进第二个小金人耳朵的稻草从嘴巴里跑出来。当大臣将最后一根稻草插到第三个金人的耳朵里时，稻草直接掉到了金人的肚子里，什么响声也没有。大臣转身回复皇帝说："第三个金人最有价值。"使者默默地点了点头。

在职场中，最懂得生存的员工未必是最能说的人，也不一定是最有能力的人，只有多听少说的人才能混得开。我们有两只耳朵、两只手，却只有一个嘴巴，这就告诉我们，在职场中要少说、多听、多做。善于倾听是员工最基本的素质，听懂再动手，才能避免犯大错。

当你身在职场最底层，仅是小小芝麻官时，要珍惜实践一线的机会，打好基础，为日后的起步发展做足充分的准备。要坚持不懈地努力，哪怕进步微乎其微也不要放弃，持之以恒，少说、多听、多做，等时机成熟时，升职自然就在不远处。

八品御医：对症下药，不做顽固老中医

经过了打基础积累经验的阶段，若在工作上的表现得到了领导认可，就要有进一步提升自我的思想意识，不能沦入经验主义的泥沼。职场中拼搏如逆水行舟，不进则退。只想着因循以前的做法完成眼前的任务，很可能没注意到危机的逐渐来临。基层员工容易犯的通病就是懒于思考，不愿对变化的时局多做分析，在处理工作任务时常会被以往的守旧方法限制住脚步。经验需要从不断发展的事实中提炼，但已有的经验未必适用于发展中的事实。也许你在以往的工作中曾经用某种方法正确处理过一些问题，但当再次面对类似问题时，若不做思考地选用老方法，则可能会出现用错药方的悲剧。

东汉时期有位著名的医学家，因医术高明而名声远播。一个叫李延的病人头痛发热，找了很多医生都没有治好，于是找到了这位医学家。碰巧遇到了前来看病的倪寻。医学家询问后，得知两人病状相同。在细心诊断后，医学家分别给二人开了药方。

李延和倪寻发现，二人的药方居然大相径庭，李延用的是发散药，而倪寻用的居然是泻药。两人不禁犯了嘀咕：一样的病，怎么用药完全不同?

心存疑虑的两人分别服下药后，果然病痛都明显减轻，两剂药吃完，二人都痊愈了。李延不明白原因，就找到医学家询问。

医学家说："开药方要看你们的具体情况。虽然你二人表面病征相似，但是得病原因却不一样。你得病是因为受到了外部风寒引起的，而倪寻的病是因为内部饮食造成的。病因不同，用药自然也就不同了。"

李延听完医学家的话后恍然大悟，称赞他不愧为神医。这位对症下药的医学家就是华佗。

员工的工作可看作是处理职场中的各种疑难杂症，采用方法之前要针对具体情况、具体问题做细致了解，如此才能采取恰当的方法和措施。如果华佗看到头痛发热就全当成一样的问题进行处理，很可能会因为方法有误而对患

者造成不可预估的影响。延伸到工作中，一刀切的做法就可能给企业造成不可挽回的损失。所以员工在工作中、要做到有的放矢、对症下药，把经验当成参考依据，而不是办事指标。

有人做过一个实验：将一只青蛙放到沸水中，青蛙在突如其来的热度刺激下会立即跳出杯子。但若把这只青蛙放到盛有温水的杯子里，慢慢地加热水杯，青蛙就会在温水中舒服地游来游去。当水加热到近乎沸腾时，青蛙感受到强烈的热度，想要跳出杯子时，已经没有了力气，只能落个被活活烫死的下场。

安静平稳的职场生活就像水杯里的温水，身在底层做基础工作的员工，可能意识不到太大的竞争和市场压力。可如果依赖了这种其实很脆弱的平静职场生活，一旦发生突然袭来的企业改革或者市场波动，人就会束手无策。就像温水中的青蛙，一旦水沸想要逃脱酷热的危险时，才发现自己已经失去了跃出的能力。

不要沉溺于安稳的底层生活，要保持前进的动力，做好随时跳出“水杯”的准备。这样，一旦危机出现时，能在第一时间作出反应，将对自己的职业发展造成的危害降到最低。

从前有一只狐狸掉到了井里，几经挣扎也没有成功地爬上去。正在狐狸愁眉不展的时候，山羊经过井口。口渴的山羊问狐狸，井里的水好不好喝？狐狸窃喜，心想机会来了。它抬头对山羊说："井里的水味道甘甜，清凉解渴，赶紧下来喝一口吧。"山羊听了狐狸的话，扑通跳进了井里。

口渴的山羊咕咚咕咚地喝着水，可是喝完后才发现井太深，上不去了。山羊只好听从狐狸的建议，蹲下身子将狐狸驮在背上，一点一点地把狐狸送到了井口。狐狸一蹦跳出了井口。山羊对狐狸说："现在快拉我上去吧。"谁知狐狸眯起眼睛对山羊说："老兄，我看你如此喜爱井里的水，还是在下面喝个够吧。"说完消失在井口。

员工在工作中，别做故事中的山羊，被眼前利益蒙蔽。看清事实才能稳步前进，不要计较一时的利益得失。在掉入"井中"深陷困境时，更要看清对手，不要轻易相信别人。要采取正确的方法拯救自己。一味地盲从别人或者遵守老办法，面对新的问题不懂得重新思考、对症下药，结果只会从一个困境跌入另一个困境。

同样，在与老板的相处中，也要弄清老板的真实想法，

别误解了老板的意图去做无用功，甚至做些老板反对的事情，那样会让你得不偿失。更不要被一时优厚的条件吸引，做出一些违背道德和法律的事情。

从前有个赵国人擅长编草鞋，他的妻子擅长做丝绢。可是街上开了一间大的丝绸店后，妻子的丝绢就卖不动了，家人就只能要靠他一人卖草鞋养活。

他想搬家去越国，但朋友劝他不要去，说越国的人习惯赤足，他到了那里肯定无法生存。此人一听却大喜：那里的人都没穿鞋子，则所有人就都有可能来跟我买鞋，我更要去越国看看了。

到了越国，果然大家都在赤足走路。于是编鞋人开始宣传穿鞋的好处，很快有了第一批客户。他的生意越做越大，甚至吸引了一些大臣和大商人，也跟他订制草鞋。编鞋人心想，大臣平时坐轿、骑马，很少走路，普通草鞋穿着可能不舒服，怎么改良一下呢？于是他在草鞋底部加了一圈棉花，使草鞋的舒适度大大增加，大臣们穿了连连叫好。考虑到大商人们讲究排场、注意门面，编鞋人就让妻子将制好的丝绢缝在草鞋上面。外表美观华丽的草鞋也备受商人们的欢迎。

如此一来，编鞋人在越国的生意越做越大，生活也越来越好。

员工在处理工作任务时，不要害怕遇到阻碍和问题。就如故事中，有的人把赤足当成卖鞋的阻碍，有人则把赤足当成卖鞋的好契机，如何应对危机就看你在处理问题时选择什么样的方法。若能大胆尝试，不断给企业带来新的效益，自然可以吸引老板目光，成为企业的焦点。

03

七品知县：为自己制造机会

当职场人在自己的工作岗位上有所作为，升职为组长、队长等基层领导者岗位，专门负责一个团队时，工作任务就从简单的处理事务发展到了需要与人进一步沟通的环节。此时，就需要多多练就“吸功大法”，将老板作为自己的目标和榜样，把同事的经验吸纳到自己工作中，练就一套属于自己的职场秘籍。

从前有个富家子弟很爱吃饺子，但是他嘴很刁，只吃馅，然后把饺子两头的尖尖皮丢掉。

天意弄人，在富家子十六岁那年，一场大火将他家里的全部家当付之一炬，父母也因为突如其来的变故双双病倒了。做惯富家子的他碍于面子不好意思去要饭，

幸亏好心的邻居大婶每天给他端来一碗面糊糊。在大婶的帮助下，他发奋读书，考取了秀才，没几年做了大官。他决定好好报答一下好心的邻居大婶。

大婶婉言谢绝了他的感谢，并说："我没为你做过什么。当年你丢掉的饺子皮尖，我晒干后收集起来以备不时之需。正好当时你有难处，我就把它们还给了你。"大官听完大婶的话，思考了很久很久……

身在职场，不能忽略任何一种细节的积累，也不能轻视平时的隐患。如果没有邻居大婶收集富家子扔掉的饺子皮以备不时之需，那富家子可能就不会考取秀才当大官。作为处在事业第一个起跳点上的员工，要学会积累老板不注意的"饺子皮尖"，等到企业遇到难处时，也许这些"饺子皮尖"做的"面糊糊"就能帮企业渡过难关。拿出你积累已久的能力为企业解决危机，必然会让老板刮目相看。即使企业没有困境，不需要"饺子皮尖"的帮助，积累的"饺子皮尖"也会成为你的经验和优势，总有一日会对你或者对你老板起到一定作用。

动物园里的小骆驼问妈妈："妈妈，我们的睫毛长这么长有什么用？"骆驼妈妈回答说："长长的睫毛可以抵御风沙，让我们在沙漠中依然看清方向。"

小骆驼又问："妈妈，我们为什么会驼背呢？"骆驼妈妈说："这是驼峰，可以储存水和养分，没水没食物时，可以帮助我们在沙漠里度过十几天。"小骆驼又问："妈妈，那我们的脚掌为什么这么厚？"骆驼妈妈说："它可以保证我们的脚不陷到软软的沙子里，便于在沙漠里长途跋涉。"小骆驼听完妈妈的话高兴地说："原来我们身上的东西有这么多用处啊！不过妈妈，我们为什么不去沙漠，还要生活在动物园里呢？"

有的员工十分注意积累经验和研究生产技术，既拥有成熟的技术理论又具有良好的能力素质，但始终得不得老板的重视，一直在基层默默无闻。作为这样的员工，在未被发掘时，要有等待的耐心，不要因为老板一时的不察觉就失去信心，放弃持续累积和不断努力。与此同时，不要一味地等待，机会是给有准备的人，要给自己找到一个展示的平台。如果老板没有意识到你的价值，就要主动让老板看到你的付出以及具备的能力。

A是合资公司的白领，他总觉得满腔抱负无处施展，部门主管不懂得赏识自己，他心想：什么时候给一个机会，我一定能让主管拍手称赞。

部门同事B与A有同样的想法，但他没有消极等待，而是做了更多的尝试。他打听了老板上下班的时间、车停在什么位置等信息，准备伺机制造与老板的碰面机会，并力求在老板心中留下印象。

同事C更加积极，他四处打探老板的奋斗史，了解老板的毕业院校、性格特点和处事风格，尤其是老板感兴趣的事。C还特意设计了几句经典的开场白，以应对面对老板时的对话。终于C在电梯里碰到了老板，在与老板的攀谈中，他果然引起了老板的注意，几次下来，老板开始关注C在公司的表现，很快就将他提升到了更高的职位。

不做准备没机会，准备不充分错失机会，做个像C一样的员工，让你的老板清楚你的才华，相信你能为他带来更多利益，才能吸引他的眼球，获得更快的晋升。

美国一家牙膏生产公司，所生产的牙膏品质优良、包装精美，深受大众喜爱。可是，原来蒸蒸日上的营业额在今年却停滞了下来。老板很不满，决定召开会议商讨对策。

会议上一位年轻的员工站起来，对老板说："我有一个好提议，肯定会为企业带来效益。不过我有个要求，希望这个提议被采纳后，我能够升任为策划部经理。”老板觉得年轻人有些胆大妄为，刚想拒绝，又想如果他的方法没用，也就不必提拔他，所以听听也无妨。于是点头示意年轻人说出他的提议。年轻人起身走到老板耳边，嘀咕了一句，老板听完后连连点头，并哈哈大笑，立刻将他升职为策划部经理。

年轻人在老板耳边说的话是，“将牙膏开口扩大1毫米。”

老板命令公司立即更换包装，并按照年轻人的建议，将每管牙膏的开口扩大了1毫米。小小的1毫米对单个消费者来说不算什么，但是公司面对的是成百上千的消费者，每人每天多使用1毫米的牙膏，就会给公司带来数倍的收益。

小小的改变会带来意想不到的收获，只有对产品充分了解，这个年轻人才能产生全新的理念和绝妙的创意。而将其用在最关键的时刻，让老板看到他的才华，自然会为他带来升职机会。

摔跤手打败了这个城市的所有对手，来到另一座城市。他直接找到这个城市最有名的摔跤手一较高低。两名摔跤手都曾战绩辉煌，未曾被对手摔倒过。这场对抗

吸引了全城人的关注。但是两个人整整摔了一天一夜，也没有分出高低，于是约定半年后再决一胜负。

摔跤手对师傅说："我总觉得找不到突破口，一直没办法摔倒他。如果一直这样，半年后我岂不是要输给他？"

师傅在地上画了一条长线，对他说："把这条线变短，前提是不能擦掉它。"

摔跤手看着线想了很久，也没有想到办法。

师傅拿起笔在这条线旁边又画了一条更长的线："现在，看看原来的线是不是变短了？"

师傅转身对摔跤手说："不要寄希望于如何找出别人破绽，而应让自己实力变得更强，让对手无法击败你。这时候，你就胜利了。"

成功有很多途径，但最便捷的就是给自己制造机会，并在机会来临时积极地展示才华。任何时候都不要放弃前进的脚步，只有自己这道线比任何人都长的时候，领导才会看到你，并心甘情愿地为你升职加薪。

六品主事：懂得抓住老板的信任

在职场小有成绩时，不要一味地追求升职加薪，而要停下脚步，回头审视一下自己从基层一步一步走来的路程。从最初的积累经验到适时地展示自我，现在已能应对有方地得到老板赏识了。这时，需要抓住老板的信任，并给老板提供更多帮助。

从前有个叫巴地的人，出生在西藏。每次跟人发生争执的时候，气愤的巴地就会飞快地跑回家，绕着自家的房子跑上三圈，然后疲累地坐在地上喘粗气。

勤劳的巴地生意越做越大，房子扩建了，土地面积也增加了。但是不管房子多大，只要生气的时候，巴地都会绕着房子跑三圈。很多人对巴地这一举动充

满疑问，但无论别人怎么问，巴地都不说原因。

多年后，巴地成了当地首富，他也老了。有一天，年迈的巴地与人争执后生气起来，拄着拐棍继续绕着房子走。此时巴地的房子已经很大很大，年迈的他走了很久也没有走完。孙子诚恳地劝爷爷停下来别再走了，但巴地摇摇头依然坚持。直到太阳落山，巴地才终于走完了三圈。

孙子问爷爷："您的房子已经是这个地区最大的了，您也不再年轻，为什么生气时还要像从前一样绕着房子转三圈？您能告诉您这么做的秘密吗？"

巴地看着关心自己的孙子，说出了隐藏多年的秘密。"年轻时，我冲动易怒，每次跟人生气我就绕着房子跑三圈，边跑边对自己说，你的房子这么小，土地这么少，有什么时间和资格跟别人置气？一想到这些，气慢慢就消了，然后把省下的时间用来努力工作。"

"那您现在成为最富有的人，为什么还要绕着房子跑呢？"孙子不解地问。

"现在我也有生气的时候啊，一生气我就绕着房子走，边走边想，我的房子这么大，事业如此成功，又何必跟人计较呢？走着走着气就消了。"巴地笑着说。

作为员工，要及时调整心态，不要失去老板对你的信

任。当你的能力不足以让老板重视时，不要过多的抱怨和不甘心，要抚平负面情绪，将恼怒转化成动力，提升自我。当老板对你表示重视时，不要辜负老板的信任，有能力又被老板重视的员工何愁没有好的发展呢？此时，最重要是不辜负老板对你信任，要做个让老板放心的员工。

小狗亨利奔波了好久也没有找到工作，毫无收获的它垂头丧气地对妈妈说："我真是一个废物，没有一家公司要我。"

狗妈妈好奇地问："那蜘蛛、蜜蜂、百灵鸟还有猫呢？"

亨利回答说："蜘蛛搞网络，蜜蜂做了空姐，百灵鸟歌声优美成了歌星，猫擅长抓老鼠成了保安。只有我既没文凭又没特长，一直也没找到工作。"

妈妈又继续问："还有母鸡、绵羊、马和母牛呢？"

"母鸡会下蛋，绵羊的毛能纺织成衣服，马能拉车，母牛可以产奶。它们每个都有一项特长，我不如他们。"亨利哭丧着脸说。

妈妈想了想安慰道："尽管你不是一只会下蛋的鸡，身上也没有纺织用的羊毛，但你并不是一无是处。你是一只忠诚的狗，虽然没有高学历，本领也一般，可你有一颗诚挚的心，它能弥补你身上的不足。记住我的话，无

论经历多少坎坷，都要守护好你金子般忠诚的心，早晚有一天它会发光的。”

亨利听完妈妈的话，认真地点了点头。

终于在历尽艰辛后，亨利找到了工作，而且不久后被提升为行政部经理。

乌鸦不服气，就找老板理论：“凭什么让亨利做经理，它既没有学历又不会外语！”

老板严肃地告诉乌鸦：“因为它是一只忠诚的狗！”

一只忠诚的狗对老板来说就是可信任的臂膀，如果老板认为你不够忠诚，对他的事业图谋不轨，他就不会对你委以重任。当老板认为你绝对忠诚，时刻准备为公司效力时，必会将重要任务交给你。很多老板喜欢提升自己的亲属在公司做领导，并不是看重亲属具备多么突出的才能，而是以为亲属对老板会多一份忠诚。多一分忠诚就会多一份信任。所以，聪明的员工会让老板放心，有他在的时候老板不必操心，有他在地方老板不必过问。

强盗师傅带着徒弟去抢银行，被警方发现。追捕途中徒弟边跑边抱怨说：“这个世界上要是没有警察该多好啊！”师傅转头看着上气不接下气的徒弟说：“你想得太简单了，如果世上没有警察，那大家都敢去偷去抢，我们还有饭吃么？正因为警察将胆小者挡在了门外，我们凭着一颗贼胆，做他们不敢做的事，才能混口饭吃。”

职场的路途充满荆棘，想要在激烈竞争中获得认可、谋求发展，如果你智谋不足，个人能力有限，那就要比别人多一份勇气。做一名为老板披荆斩棘的勇士吧，一个团队需要智慧的军师，需要骁勇的将军，更需要无所畏惧的士兵。

所以，我们应管理好自己的情绪，不要因为无谓的争执和愤懑丢失努力工作的时间；把握住领导对你信任，做个最忠心的职员；在老板的信任下多一份勇气，在工作中为自己创造更广阔的蓝天！

05

五品员外郎：是进是退，分寸掌握在自己手中

职位越高与老板接触的机会就越多，可是发生摩擦的几率也就随之增大。在与老板的相处中要审时度势，掌握好进退尺度，不要过分退让使老板产生你在推卸责任的感觉，也不要咄咄逼人让老板感到被冒犯。要知道，身处企业中间等级的人，下要管理员工被视为领导，上要服从老板安排被视为下属，中间还要与同级合作伙伴周旋。处理复杂的职场关系，如果不能得到老板支持，就很难再有作为。

曹操的大儿子曹丕同自己的弟弟曹植争夺世子之位。因为曹丕平日与曹操的部下关系亲密，甚至连曹操的妃子也为他说话，所以顺理成章被立为世子，后来成

为魏文帝。

而曹植虽然平时深受父亲器重，却对父亲的部下不屑一顾，在世子之位争夺战中缺少人力支持，最终败在哥哥的手下。

在职场中，搞好与领导的关系只是一个方面，另一方面，也要与平日一起工作的同事搞好关系，同时要注意打好群众基础，以便在日后的选拔中获得更多的投票支持。都说群众的眼睛是雪亮的，得到大多数人的认可，可以证明你的实力和人品经受住了考验，老板对这样的员工用起来当然既顺手又安心。

此外，处理好与副职领导的关系也很重要。不要忽略副职的作用，只要是你的上司，无论官职多小，都要保持谦卑尊重的态度。

公元前265年，秦国接连攻下赵国三座城池。赵国孝成王刚刚登基，由太后掌权。不堪重负的赵国向齐国求救，齐国要长安君做人质才肯出兵攻打秦国。长安君是太后最为宠爱的小儿子，太后不忍儿子受苦，拒绝了齐国的要求。赵国大臣几次劝谏，引来太后震怒，说：“谁再敢提让长安君做人质，定不轻饶。”

左师触龙拜见太后，一见面就上前恭敬地说：“臣

年老了，腿脚不好，很久没来看望您，心里惦记太后身体可有不适，所以忍不住来看看。”太后答说：“我平日走动全靠车辇。”触龙继续关切道：“您的食欲如何，可有减少？”太后说：“只喝点粥罢了。”触龙接着说：“我最近也不爱吃东西，每天勉强只能走三四里，好在食欲有所加强，身体还能舒服些。”太后说：“我可不如你。”

触龙对太后说：“我的小儿子舒祺，不成材，私下我最疼爱他，希望他能谋个黑衣卫士，保卫王宫。”太后点头说：“可以，现在年纪多大了？”触龙说：“十五岁，虽然年纪还小，但我想趁我还能动，将他托付给太后您。”太后说：“男人也格外疼爱小儿子吗？”触龙说：“比女人还要厉害。不过我觉得您更加疼爱燕后，超过长安君。”太后摇摇头。触龙继续说：“父母对子女的疼爱体现在为他们日后长远的考虑。您送燕后出嫁时，不舍得她离去，摸着她的脚跟哭泣，担心她日后受苦，每逢祭祀您就为燕后祷告，希望她的儿子一代一代地做国君，不是吗？”太后点头说：“是这样。”触龙说：“放眼古今，被灭国的君主还后继有人吗？”太后思考一下答说：“没有。”触龙说：“亡国之祸近落在自己身上，远落在子孙身上。王侯的子孙因为地位尊贵就享有高俸禄，如今您将丰厚的土地和宝物送给长安君，却不让他为国立功，等到您不在人世，长安君又能依靠谁呢？老臣觉得您为长安君的未来考虑不周，所以相比之下您更爱燕后。”太后听完恍然大悟，立刻派人将长安君送到齐国做人质，换来援兵支援赵国。

参与到老板的核心团队中，成为意见团成员时，向老板进言要讲究方式方法。一味地固执直言可能让老板产生反感，不愿意听取你的意见，甚至不愿意听你说话，这样你就永远地被摒弃在了企业的核心圈外。在给老板提意见时，可多采用迂回策略，让老板自觉发现错误并主动改正，这样你在目的达到的同时又无损与老板的关系。

很多人都觉得美国第28任总统威尔逊脾气固执，很多意见都被他拒之门外。威尔逊有才能，可为人骄傲自负，所以对别人的意见不是不理睬就是干脆拒绝。唯一能说动他的人就是他的秘书豪斯。

有一次威尔逊单独召见豪斯。虽然明知道总统不会接受，但豪斯仍然坚持陈述自己全新的政治方案。豪斯说得理直气壮，可是总统仍然没有任何表示。

几天后的宴会上，豪斯发现，威尔逊公开发表演讲的内容就是自己几天前的建议。豪斯恍然大悟，总结出一个秘诀：跟总统提意见最好在与他单独见面时，且要

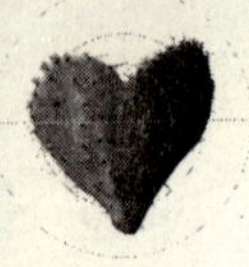

把自己的理念移植到总统脑中，让总统不知不觉中认为这个计划是自己构思的。

豪斯能够成功获得总统的信任，是因为他找到了与老板相处的好方法。想要给上司留个好印象，就要了解他的内心想法。

有的老板喜欢怀疑员工偷懒不干活，应对这样的老板，就应尽可能多地向他汇报你的工作进度，多与之交流，让他知道你在努力地为他做事。

有的老板精力过剩，拼命工作，对员工过于苛刻。应对这样老板的方法，可以多向他请教，给他营造一种员工甘拜下风、认可他的英明领导的情境。此举有助于你尽快得到他的赏识。

有的老板能力不足，总担心员工抢了他的位置超过他。应对这样老板的方法就是收敛锋芒，做个谦虚谨慎的下属。消除老板的戒心才能博得老板的器重。

有的老板为人冷静，工作态度认真严谨。应对这样老板的方法是，跟他保持相同的风格，别在职场嬉笑打闹，说话时尽量语气平和，多用陈述语句，作风客观务实。

有的老板做事时一丝不苟，强调专业性。应对这样老板方法是，提高自己的专业技能，提醒老板更多的挑战会激发你的潜能，可以试着让你放手一搏。

有的老板大方豪爽，才气出众。应对这样老板的方法是，积极展现出自己的能力，表现出自己与众不同的过人之处，证明自己有真本事，则不怕得不到提拔。

在职场中前进还是后退，选择的权利其实在员工自己手中。想要朝着好的方向行进，就要把握好办事说话的尺度，根据不同领导的特点，采取不同的措施。要增加老板对你的好感度，使之不断做出有利于你的决策，为你的事业树立起一座座新的里程碑。

06

四品知府：跟老板唱双簧

升职到四品知府时，之前必已在群众中打下了良好的基础，下一个目标就是进入企业的核心领导圈，成为老板策划团的成员。如何做到从副职到正职的飞跃，就看员工会不会跟老板唱双簧。从虾兵到蟹将需要重视基础关系。从蟹将到龟丞相就要搞好领导关系。作为承上启下的副职，一定要踩稳跳板再起跳，心急吃不了热豆腐，过分急于求成可能会不小心栽到水里，成了落汤鸡。

住在山上的父子俩，每天都要赶着装满柴火的牛车下山。通常，经验老到的父亲负责坐镇驾车，眼神好的儿子则负责提醒父亲在崎岖山路的拐弯处转弯。每次转弯时，儿子总要喊一声道："爹，转弯啦！"

有一次父亲生病了，儿子单独运送柴火，到了转弯处，牛怎么也不动，儿子想了很多方法，牛依然无动于衷。儿子灵机一动，贴着牛的耳朵叫道："爹，转弯啦！"牛应声转过山弯。

牛已经形成了条件反射方式，只有听到"爹，转弯啦！"时才会行动。这就如同老板在处事中已经形成了固定的习惯，作为员工，要掌握老板的行动暗语，顺着老板心中的设想去办事，如此才能博得老板的喜爱。

在珠宝店的门口站着一位员工，手中的托盘里展示着五光十色的珠宝首饰，经过的顾客无一不被吸引。一位女士相中一款项链，价格是五百元，她觉得有些贵。在员工的建议下，她准备去店内看看有没有便宜一些的可心首饰。果然，女士在店内发现一只一模一样的项链，标价却只有二百五十元。该女士心里大喜，立刻买下了这条项链。女士走出珠宝店后，员工回过头去，看到老板肯定地点了点头。

无论是对内管理员工还是对外与客户合作，都要懂得怎样跟老板演双簧。双簧唱得好，不仅能为公司盈利，更能得到老板的器重和信任。在老板信任的基础上，培养相互之间

的默契，可以让自己一步一步成为老板的左右手。

狮子老板看中一片土地，想在那里建造豪华的房子，但是上面长满了松树。狮子老板想让手下的松鼠员工砍走松树，但又不想付给它们工钱。直接和它们说，松鼠员工肯定不会同意。狐狸自告奋勇地提议自己去跟松鼠员工谈一谈。

松鼠员工们听到狐狸的要求果然立刻怨声载道，出现反抗情绪，这时狮子老板站出来向大家提议：砍伐松树后，上面的松子就归它们所有。松鼠员工立刻高兴了，马上分成四队开始工作。

后来，它们又在分配松果时发生了争执。一开始，松鼠用抓阄的方法确定分配者，每天换一个。可四天下来，只有轮到该队人员分配时，该队才能分到比较多的松果，其余几天只能得到很少。后来大家又决定推选一位德高望重者来分配松果，可这样一来，大家整天挖空心思讨好分配者，搞得团队贿赂之风四起。接着它们又决定让两队分果，另外两队监督，但是四个队伍忙于相互攻击，每天的工作量又变小了。

狐狸听说后眼睛一转，向狮子提议：轮流分果，但是分果者要在其他队选完后，领取最后剩下的。狮子老板将这项制度公布后，果然，分果的松鼠为了保证自己

的利益，每次都会尽量分配平均。如此一来松鼠们没有意见了，干活也更起劲了。

很快场地被空出来了，狮子老板看着狐狸，会心地一笑。

精明的员工不仅要跟老板唱好双簧，更要把功劳让给老板。邀功时请放慢脚步，如果能够巧妙地将功劳让给老板，可能会有意想不到的收获。懂得给老板台阶下，为老板背黑锅的员工，往往深受老板喜爱。

两个天使四处旅行，走到一户富有的猎户家时，天黑了，他们想要借宿。主人不是很友好，拒绝他们在舒适的床上过夜，而把他们安置在了冰冷的地下室。较为年长的天使在铺床时发现地下室的墙角有个破洞，于是顺手将它补好。年轻的天使问他为什么这么做，年长的天使回答说："并不是你看的那样。"

第二晚，他们借宿在贫穷的农夫家。主人夫妇热情地招待了他们，并拿出了仅有的食物款待客人，还主动给客人铺好床褥。早上起来，年轻的天使听到农妇在牛圈旁低声哭泣，原来她唯一的奶牛死了。

年轻的天使气愤地质问年长的天使："为什么他们这么贫穷，盛情款待我们，你却没有帮助他们阻止奶牛

死亡？第一个家庭应有尽有，态度蛮横，你却帮助他们修补破洞？”

年长的天使看着年轻的天使摇摇头说：“事情不是你看到的那样。第一个家庭的人充满贪念，不愿意分享他们的财富，我在地下室的破洞里看见里面堆满金块，于是堵上了他们的财路。第二个家庭的农妇被死神召唤，于是我用奶牛替代了她……”

职场中有很多事并不是你看到的那样。表面冷淡的副经理可能经常在私下里跟老板汇报工作，积极热情的关公也可能正准备跳槽。看事情不能只看表面，要深入了解企业内部的每个环节，做好老板的探路先锋。有时年长者看待事物的眼光可能更透彻。不要轻视别人的建议，眼睛看到的未必是事实。与上司交往中，一定将如实准确的信息汇报给老板，不要凭借一己之见为了邀功就添油加醋。向老板反馈的信息一旦出现纰漏，想挽回局面就比较难了。

有时职场就像一出舞台剧，扮演好自己的角色，就能够成就你日后的辉煌。做每个职位每个阶段应该做的事，不要越级也不要推诿，关键时刻跟老板唱好双簧，服从老板的主张，好好辅佐老板，即可助你实现从中级管理者到高级管理者的飞跃。

三品府尹：以“老板心态”处理工作

每个公司都由不同的部门和单位组合而成，在某个部门处于领导地位，成为相对的首领时，就要懂得以“老板心态”进行工作，凡事考虑全局。对于部门成员来说，直属上司才是更贴近的领导，老板不会对每个员工都无微不至地关心，而部门领导却可以做到对下属嘘寒问暖，因为员工怎样工作直接影响你的政绩，员工的成绩就是你最好的答卷。

汤姆五岁时，父母带着哥哥和他到森林里干活。干到一半时，天突然下起了雨，而他们只有爸爸带了一件雨衣。

雨越下越大，爸爸将雨衣披在妈妈身上，妈妈又将

雨衣给了哥哥，哥哥拿起雨衣挡住了小汤姆。

汤姆好奇地问：“为什么爸爸把雨衣给了妈妈，妈妈给了哥哥，哥哥又给了我呢？”

爸爸答说：“因为爸爸比妈妈健壮，妈妈比哥哥强壮，哥哥又比你高大，我们都希望能够保护弱小的一方。”

汤姆听完，看到风雨中来回摇曳的小花，就撑起雨衣挡在了上面。

想在职场中取得一定收获，单单依靠能力是不够的，关键是要担负起更多责任。部门领导作为企业的二把手，往往心态比较复杂。他们需要更多的尊重和理解，想在管辖范围内证明自己的能力，将自己的“小家”管理得井井有条，才有时间和精力去应付整个“大家”的问题。

有一只蜘蛛，艰难向被大雨淋湿的网爬去。泥泞湿滑的墙壁使它爬到一定高度就掉下来，蜘蛛一次又一次地起身，义无反顾地向上爬着……

第一个人看到后，边叹气边自言自语：“我现在的处境正如这只蜘蛛，整天忙碌但又无所得。”从此他开始意志消沉。

第二个人看到蜘蛛总是沿着原路向上爬，四处看后

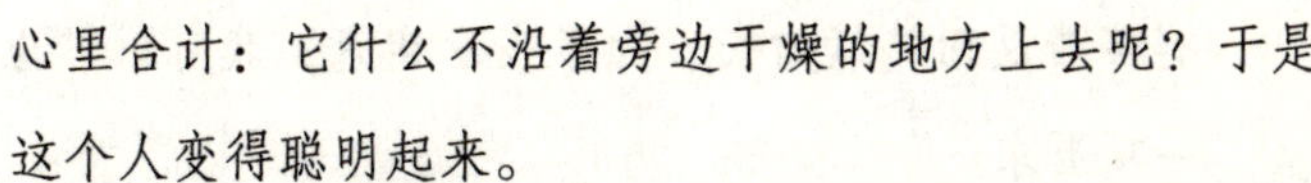
心里合计：它什么不沿着旁边干燥的地方上去呢？于是这个人变得聪明起来。

第三个人被蜘蛛一次又一次站起来的勇气打动了，他觉得自己缺少的正是这种屡败屡战的精神。于是他开始变得坚强。

面对同样的情景，不同的人会得到不同的启示。在同样的工作环境中，谁能取得成功，就看谁能得到正确的启示，并采取相应的措失。是唉声叹气抱怨工作辛苦，还是发挥自己的机智克服困难，亦或是树立自己坚定不移的信念，全看你如何选择，如何行动。

有三个经济犯被关进大牢，监狱长同意答应每个人一个要求。

甲爱抽烟，要了一箱雪茄。

乙喜欢美色，得到一位美女陪伴。

丙想与外界沟通，得到一部电话。

刑满后，甲冲着监狱大喊着：“给我打火机，给我打火机！”原来他只有烟，没有火。

乙抱着孩子，牵着大肚子的美女走了出来。

丙在出狱时紧握着监狱长的手，万分感谢地说：“感谢你帮助我与外界联系，这几年中我的生意不仅没

有停滞反而持续增长。为了表示谢意，我可以答应你的一项要求。”

选择决定生活，如果你用员工的心态处理管理级别的工作，那么很快你就会退化到员工的水平；选择用老板的心态去处理工作，就会让你逐步提升到老板的思维高度，获得最有效的信息，了解最新的市场动向，从而创造出更崭新的未来。

二品巡抚：老板心里非你不可

面对竞争激烈的职场，一时的疏忽和不在意就可能让你从千辛万苦爬到的高度摔下来。如何保住自己的地位，让自己成为老板器重、员工爱戴的好领导？当老板心里非你不可，你的地位难以撼动的时候，才能确保你在企业中独一无二的身份，实现从白领到金领的质的升华。

1944年，“中外记者西北参观团”赴陕甘宁边区访问，时任中共延安地委书记的王震负责全程接待。

朱德见记者乘坐飞机，就对王震说：“能不能让从没坐过飞机的老总也开个洋荤？”王震立刻回说：“没问题！”

于是几位老总坐上了飞机。飞机启动时的轰鸣声

惊动了周恩来，他将王震叫到身边，严肃地说："是你安排老总们坐飞机的？"王震回答："是的。"周恩来吼道："大胆！老总们的安危关系到中国革命的胜败，国民党提供的飞机一旦出现故障，你能承担起责任吗？"王震一听立刻说："怪我考虑不周……"周恩来气愤地对王震说："赶快到主席那去，他正在等你！"

王震见到毛主席时更加诚惶诚恐，但毛主席却和气地说："别站着，坐下吧。刚刚得到通知，老总们已经安全返回了。"王震长舒一口气。

毛主席又问道："让老总们上天，是你的主意？"王震说："都怪我头脑太简单，考虑不周……""刚才老朱已经说明实情啦，你这是代人受过，周副主席的批评，你还能虚心接受。高风亮节表现不错啊！"

在与老板的相处中，展现你的高风亮节、豁达淡然的处事态度，会让老板对你表现刮目相看。你的大度会增加老板对你依赖度。地位越高，与老板接触越多，就越容易接触到他的负面情绪，也会更多地了解老板的缺陷。这时，不要急于表白自我，也不要在意老板的缺点，而要用你的长处悄无声息地弥补老板的过失。这样当老板单独处理事务遇到问题时，就会立刻想到你的作用。

从前，有位老和尚派众弟子去南山打柴，弟子们背着刀匆匆上路了。

即将抵达山脚时，一条河挡住了大家的去路，湍急的河水奔流而下，弟子们无论如何也无法渡河，只好垂头丧气地往回走。

师傅问大家为什么无功而返，只有小和尚坦然地面对师傅："河水太急过不去，砍不到柴。我见河边有棵果树，就顺手摘了一个苹果。"小和尚边说边从怀里掏出一个苹果递给师傅。

后来，这个小和尚继承了师傅的衣钵。

工作中有做不完的事，遇到难以解决的问题，掉头也是一种智慧，一味强求可能浪费过多的时间和精力。但在回程途中，可以顺手摘下"路边的苹果"。在最坏的环境下，仍能为老板谋求利益的员工，才是老板眼里真正的人才。

两个饥饿的人沿着路走了很久也没有找到食物。这时遇到一位长者，长者送给他们一根鱼竿和一篓新鲜的鱼。两人分别挑选了一样，然后分道扬镳。

选择鲜鱼的人直接在原地升起篝火烤起鱼来，鱼一烤熟他就狼吞虎咽地吃起来。眨眼功夫，一篓鱼就被吃

个精光，他只好背起空鱼篓继续上路。等到肚子里的鱼消化一空，他饿得晕倒在了空鱼篓边。

选择鱼竿的人强忍饥饿，艰难地走到海边，将长长的渔线抛进海里。可还没等到鱼儿上钩，他的最后一丝力气就用完了，握着鱼竿倒在了沙滩上。

同样，另两个饥肠辘辘的人也获得了长者赐的鱼竿和鱼。他们没有选择各奔东西，而是在商量之后决定一起寻找大海。路途遥远，饿的时候两人就烤一条鱼来吃，不争不抢，相互鼓励着走到了海边。

凭借鱼竿，他们过上了捕鱼的生活，后来还有了各自的房子和妻子，拥有了美好的家庭。

当你和老板同时走在路上时，不要因为眼前的蝇头小利就放弃暂时有难的老板，为自己拥有了一篓鲜鱼沾沾自喜。要知道，随着时间的流逝，鱼早晚有吃完的一天，而离开老板后的你就会孤立无援。没有老板做后盾，很难再顺利开展工作。所以要懂得跟老板分享成果，先把自己的所得分给老板，才会拥有跟老板共用鱼竿的权利。鱼竿代表着可持续发展，想要追随老板的脚步前行，就要给老板提供保持体能必需的鱼。当老板明白，如果没有你的帮助，他就没有抛竿钓鱼的可能时，你就会成为老板身边必不可缺的人物。

想占据老板心中最重要的位置，不仅要懂得展示自己的品质和情怀，更要做个帮老板将利润提升到最高点，将风险降低到最低点的优秀人才。懂得在困境时给老板提供补充能量的鱼，在发展时协助老板扶正钓竿，这样才能从下属变成老板的工作伙伴，而老板收获的成功自然也会有你的一部分。

09

一品大学士：管理老板变宠臣

盛世明君乾隆皇帝不仅缔造了一番事业，也成就了一代巨贪和珅。

抛开和珅的贪官形象不谈，单说他能从地位低下的内务府包衣升至文华殿大学士并身兼数职，他的“为官之道”就值得我们探究。前有刘墉后有纪晓岚，和珅为何能在夹击之中屹立不倒扶摇直上？

1780年，乾隆派和珅彻查云贵总督李侍尧贪污案。和珅刚一抵达云南，就立即审问李侍尧的管家，从他口中得到了李侍尧的贪污证据，借此迫使李侍尧认罪。从接受任务到李侍尧受惩处，和珅只用了两个月的时间，这种办案速度充分反映出他处理事务的能力，确实可以为乾隆皇帝解除不少忧虑。

乾隆酷爱书法，和珅就学习乾隆笔体。反应敏捷、记性好的和珅，对乾隆的任何问题几乎都能对答如流。虽然贪污腐败，但和珅在朝期间，确实在为国家效力，也在替乾隆办事。出色的内政、外交能力被他发挥得淋漓尽致。

和珅最擅长揣摩圣意，关键时刻愿为皇帝赴汤蹈火，把皇帝的事当成自己的事，乾隆皇帝把他当成了自己的一部分，自然分外宠爱。

想要坐稳“大学士”的位置，关键就在与老板的关系上。无论你多有才华、多有群众基础，但是如果老板对你的态度不冷不热，那即使你爬到了总经理的位置，也永远是个打工者。如何成为企业的拥有者，让老板放手将自己的产业与你一同分享，实现成为从打工仔到股东的华丽转身？

农民陈阿土从来没出过远门，终于有次机会，他跟随一个旅行团出国了，国外未知的一切对陈阿土来说都是无比新鲜的。

早上服务生敲门送早餐，门一开他就大声说道：“Good Morning Sir！”

陈阿土一愣，不明白服务生说的是什么，在家

乡，陌生人见面通常会问：您贵姓？于是陈阿土大声回答：“我叫陈阿土！”

连续三天，服务生都会在敲门后大声说：“Good Morning Sir！”陈阿土就回复说：“我叫陈阿土！”但他搞不懂服务生怎么这么笨，一直记不住他的名字，于是去问导游，“Good Morning Sir！”是什么意思，得到答案后的陈阿土觉得自己简直丢脸死了。

第两天早上服务生又来敲门，陈阿土开门对服务生说：“Good Morning Sir！”与此同时，服务生却答说：“我叫陈阿土！”

在与老板的交往中，要试着做那个制定规则的人。不要因为官差一级就时刻扮演被管理的角色。比如每天在固定时间跟老板碰面，让他养成定时与你见面的习惯，让他遵守你们之间的时间规律，摆脱老板难约的问题。

很久以前，一位经理带着两位职员去吃饭。到了餐厅他们发现一盏神灯，里面跳出一个精灵。精灵对他们说可以满足每个人一个愿望。

职员一立刻说：“我先来。我先来，我要去马尔代夫，划着船无忧无虑地生活。”嗖的一声，他不见了。

职员二站起来：“该我了！该我了！我要和我的

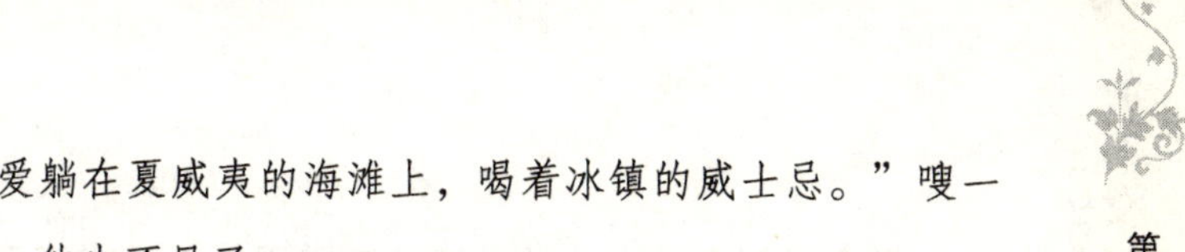

最爱躺在夏威夷的海滩上，喝着冰镇的威士忌。”嗖一声，他也不见了。

精灵对经理说：“现在轮到你了。”

经理放下手中的餐具说：“明天让那两个蠢货准时回来上班！”

时刻都要记得让你的老板先开口，只有掌握了老板的意向，才能让你作出正确的选择。可以试着问你的老板：我们今天有无新任务？需要我为你做些什么？我们还有什么计划需要完成？

向老板提问的好处还有一个，即可以将责任转交给老板。与老板碰面时，询问老板你工作中的问题该如何解决。老板会带着你的问题回到办公室，然后开始替你思考解决方案。你还可以时不时地询问进度，对老板进行监督。

有一把非常坚实的大锁头挂在门上，铁棍费了九牛二虎之力也没法撬开它。钥匙踱着步走过来，将自己瘦小的身体放进锁孔，轻轻一转，大锁头“啪”的一声就打开了。

铁棍不服气，为什么它的力气那么大，用了那么多方法都打不开锁，小小的钥匙却轻而易举地就打开了？钥匙回答说：“因为我了解它的心。”

做个了解老板内心的员工，知道用什么方式管理老板最有效。开启老板的防御枷锁，才能站到企业的核心点上。世上没有坏老板，只有不会应付的员工，无论面对什么类型的老板，都可以采用正确的方法与之相处，让自己的职场路越走越顺，实现从九品芝麻官到一品大学士的多级跳。

充分做好助跑，职场正在等待你的挑战！

尾声

一个关于好老板和坏老板的笑话：

“好老板”

老板：非常欢迎，没有你的话，我们公司可能大不一样。

员工：我担心工作太累，我随时可能会辞职。

老板：放心，这样的事是不可能发生的！

员工：那我周末可以休息吗？

老板：当然了！这是最基本的要求。

员工：会经常加班到凌晨吗？

老板：不可能，你听谁说的？

员工：有餐补和车补吗？

老板：这还用问吗，绝对高出同行。

员工：在这工作有没有突然死掉的危险？

老板：没有！你怎么会这么想？

员工：公司会组织集体旅游活动吗？

老板：这是公司的明文规定！

员工：我必须准时上班吗？

老板：未必，看情况再定。

员工：会按时发工资吗？

老板：一向如此！

员工：新员工要负责全部事情吗？

老板：怎么会？公司还有很多老同事。

员工：我可以竞争空缺的领导职位吗？

老板：那是自然。

员工：你不会在骗我吧？

老板：今天是愚人节啊！

“坏老板”

倒过来看。

笑话可以一笑置之，可是在职场中你的老板是好是坏，就看你用什么顺序来读了。员工在职场中首先需要做的就是推销。不是推销产品，而是推销自己。员工本身才是最有价值的资源。没有企业愿意聘用一个对公司无用的员工，任何人身在其位就必须创造出相应的价值。想要遇到好老板，就要摆正自己的心态，不要把老板当成奴隶主，想着你是在为他卖命。将你们之间仅仅定位为简单的雇佣关系，只会让你对老板的印象越来越魔鬼化，而相应的，老板也可能将你认作办公室角落里的懒惰小人。

希望大家都能从本书中得到一些启示，也希望本书中的某些建议能为大家日后的职场路提供更多、更有效的帮助。世上没有“坏”老板，改变对老板的偏见，你会发现职场其实正是等待你海阔凭鱼跃的酣畅天地。